郑板桥画传

三百年前旧板桥

陈书良　著

天 地 出 版 社 | TIANDI PRESS

图书在版编目（CIP）数据

郑板桥画传：三百年前旧板桥 / 陈书良著 . — 成
都：天地出版社，2019.1
ISBN 978-7-5455-4107-6

Ⅰ.①郑… Ⅱ.①陈… Ⅲ.①郑板桥（1693-1765）—

传记—画册 Ⅳ.① K825.72-64

中国版本图书馆 CIP 数据核字（2018）第 189724 号

郑板桥画传：三百年前旧板桥
ZHENGBANQIAO HUAZHUAN：SANBAI NIAN QIAN JIU BANQIAO

出 品 人	杨　政
著　　者	陈书良
责任编辑	陈文龙
装帧设计	高高国际
责任印制	葛红梅

出版发行	天地出版社
	（成都市槐树街2号　邮政编码：610014）
网　　址	http://www.tiandiph.com
	http://www.天地出版社.com
电子邮箱	tiandicbs@vip.163.com
经　　销	新华文轩出版传媒股份有限公司

印　　刷	北京文昌阁彩色印刷有限责任公司
版　　次	2019年1月第1版
印　　次	2019年1月第1次印刷
成品尺寸	170mm×230mm　1/16
印　　张	17.5
字　　数	217千
定　　价	68.00元
书　　号	ISBN 978-7-5455-4107-6

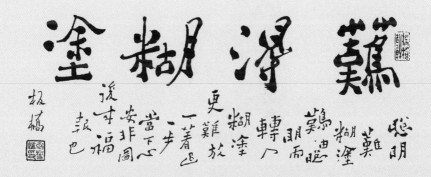

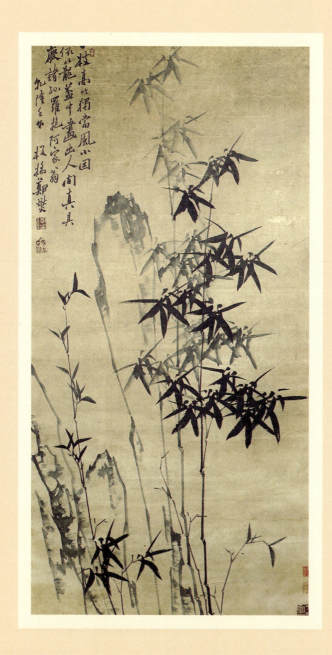

板桥 竹图

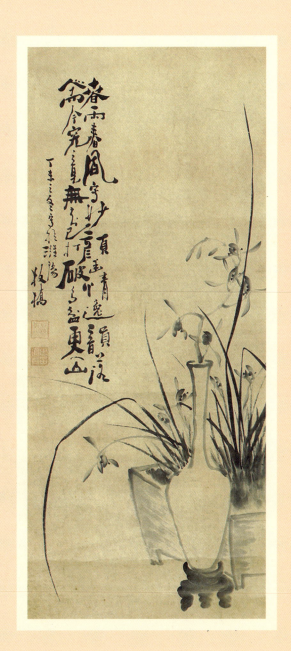

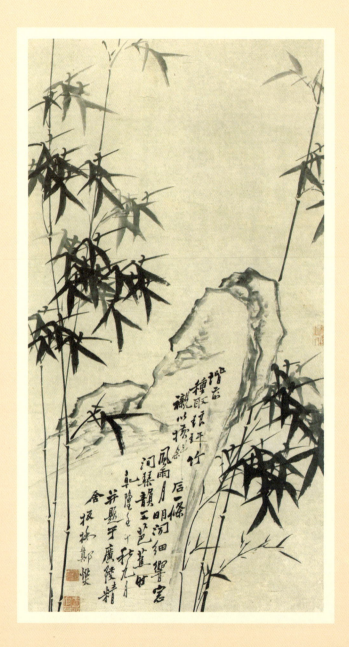

板桥 琅轩竹图

板桥 | 墨竹图

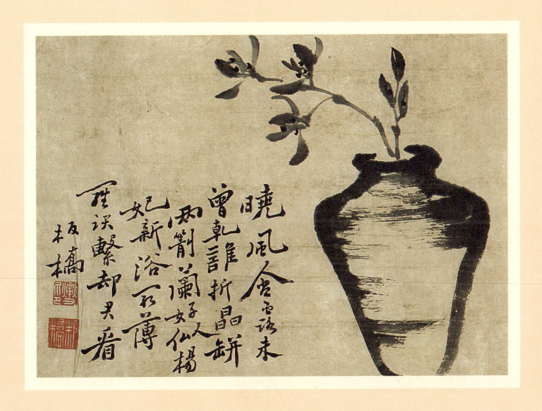

晓风含露语未乾　曾向谁家折旧妍　拟削兰芽好女仙　妃新浴一身薄　不误繫却只看

板桥

瓶花图

花落家僮未掃
鳥啼山客猶眠

板橋鄭燮

刺绣六言联

東雲嶋山硯匣
裁夢入花心

晴江年學老長兄屬

板橋鄭燮

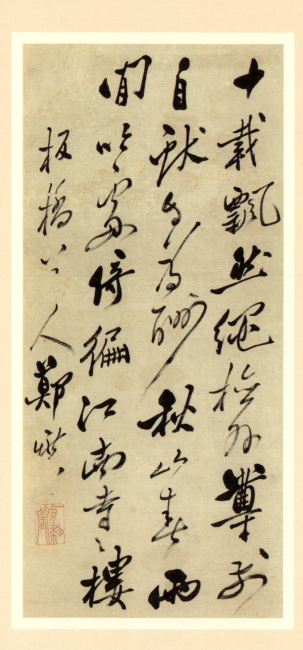

十載飄然繩檢外，
自然疏懶不足酬。
閑吟竹南聲、。
板橋七人鄭燮。

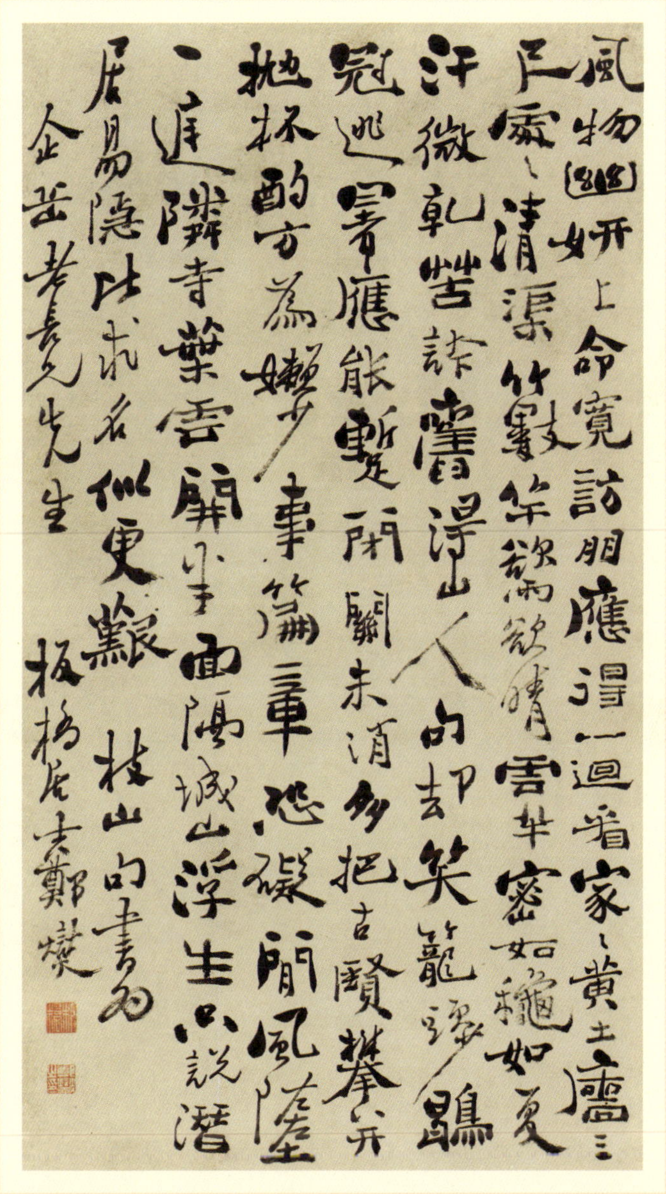

板桥 — 行书枝山句

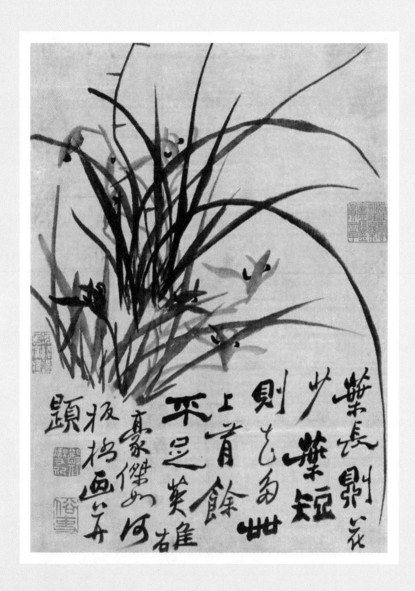

小 引

郑燮，号板桥，清代杰出的艺术家，"扬州八怪"之一，郑板桥的名字，在人民群众中是并不陌生的。人们对他的多才多艺津津乐道：他是一位著名画家，所画兰竹，摇曳多姿，名播中外；又是著名书法家，自创的"六分半书"，熔真、草、隶、篆于一炉，现在也还有人学"板桥体"；他的诗词、道情也很出色，"老渔翁，一钓竿，靠山崖，傍水湾"，至今还在人们口头传唱——尽管他离开人间已有两百多年了。

郑板桥具有鲜明的个性。他曾经颇为自负地刻了一方印章："康熙秀才雍正举人乾隆进士"，我们借用这种排比句法来描述他，可以说郑板桥是一个疯疯癫癫的怪人，一个伟大的人道主义者，一个有傲癖的穷书生、大才子、佛教信徒，一个狗肉饕餮家、爱神的幸运儿，一个学历过硬的七品"父母官"、酒徒，一个创新的篆刻家、"假画"制造者，一个不讨上司欢心的"糊涂"人、诗人，一个民间曲艺作家、大书法家、大画家，一个百姓的朋友，一个与当局不合作的狂人，一个兰、竹、石的苦恋者。郑板桥像苏东坡、徐青藤一样，是中国历史上为数不多的具有多面性天才的人物。无疑，这样的灵魂永远魅力四射，是我们民族文化史上值得自豪的至宝！

基于我对郑板桥的热爱，三十年来，我不自量力地进行郑板桥的研究，并先后在海内外出版过几种关于板桥的书。方法上，我把对板桥行踪的考证探讨和对诗、书、画的分析研究结合起来，从他的生平活动中探索其作品的寓意，同时又通过对具体作品的剖析来钩稽他的踪迹。1983年，广西人民出版社曾出版《板桥诗词撷英》，我在前言中说："在板桥的笔下，诗、书、画、印是一个思想整体的几种不同的表现形式，而这些不同的表现形式之间，则存在着有机的联系。"我以为，用以生平活动和思想发展为经，以诗、书、画、印的分析为纬的研究方法来研究板桥，还是较为合适的。

十八年前，我告别科研机构，执教上庠（大学），这使我有幸接触了千万学子。我感到，广大青年对传统文化其实是如饥似渴的。他们对云缠雾绕的山崖幽谷的君子之兰心驰神往，坎坷崎岖的跋涉却又使他们举步维艰。他们特别需要深入浅出的书籍解读源远流长的传统文化。于是，我综合旧作，并添加上近来的一些心得，撰写了这本书说郑板桥，希望能对青年朋友有所裨益，希望能得到他们的喜爱。

书成，置笔掩卷，感慨良多。我想起了家乡湖南的清代政治家郭嵩焘写给左宗棠的一副挽联的上联："世须才才亦须世。"（见李肖聃《星庐笔记》，岳麓书社1983年版第72页）的确，个人的成就和时代之间，有着谜一样的关系。从板桥坎坷的一生，我们看到封建社会对天才的扼杀，更加感到生活在今天的幸福，更加热爱百花齐放、万紫千红的阳春美景！这，是我的一点心得。由于水平有限，资料缺乏，本书缺点错误，在所难免，敬希各方多多指教和批评。

目　录

第一章　五颜六色众生相

① 本书所引郑板桥诗文，据上海古籍出版社《郑板桥集》(1979)。后不一一注明。

明朝后期，政治一片黑暗，宦官专权，朋党攻讦，封建政权机构几乎瘫痪。地主阶级，尤其是皇族，兼并土地更加疯狂。残酷的经济榨取和野蛮的政治压迫，造成明末农村十室九空，社会生产力受到严重破坏，以致水灾、蝗灾和瘟疫不断发生。濒临绝境的农民，除揭竿而起外，别无生路。崇祯初年，爆发了以李自成、张献忠为代表的农民大起义。崇祯十七年（1644）三月十九日，李自成率领大顺军攻占北京，崇祯登煤山自缢，统治近三百年的明王朝，终于被起义的农民推翻了。

同年五月一日，明宁远总兵吴三桂引狼入室，勾结满族贵族，引清军进入北京。十月，清顺治帝下诏正式定都北京。

接踵而至的，是清朝廷对南明残余福王政权、鲁王政权、唐王政权、桂王政权的攻伐。康熙元年（1662）春，吴三桂追俘桂王于缅甸。至此，南明王朝在大陆的势力终于覆灭。

清军在南下进攻时是极端残暴的。扬州十日，嘉定三屠，特别是清统治者下令剃发，强迫汉族人民从衣冠装束上和精神上承认清政权的绝对统治，这样，就激起了广大汉族人民的坚决反抗。李自成、张献忠余部也与南明政权联合抗清。以农民军为主体的各族人民的抗清斗争，轰轰烈烈地进行了二十年之久，最后在清王朝血腥的武装镇压下归于失败。

为了缓和民族矛盾，清统治者对汉族地主官僚，在入关前后都执行笼络政策。清军进入北京后，马上为崇祯发丧，并打出为汉族地主官僚"报君父之仇"的幌子，俨然以汉族地主阶级的代言人自居。在任用官吏上，清廷表面上采取满、汉兼用的方针，对中央各部门满、汉官员的名额都作了规定。康熙即位后，又从各方面加强笼络汉人的工作。在康熙、雍正的上谕中，还屡次提到要维护地主富民的利益，把地主当作"国家所爱养保护之人"①。这一时期所推行的废止圈地、减免税粮和鼓励垦荒等政策，都是对汉族地主有利的。清朝政府还采取其他许多措施，把汉族地主阶级知识分子吸收到政权中来。除不断扩充科举录取名额外，康熙十二年（1673）又诏举"山林隐遗"，一些地主士绅不经考试就可直接做官。第二年，清廷更颁布了捐纳制度，使地主子弟可以捐银得官。康熙十七年（1678），又宣布开设"博学鸿儒"科，罗致了全国"名士"一百四十三人，取录了五十名，俱授以翰林院的官职。当时除了有比较浓厚的反清和反对君主专制思想的人如顾亭林、黄宗羲等外，其他知名学者如朱彝尊、汪琬、毛奇龄、施闰章等人都来京应选②。与此同时，清朝统治者还大力提倡程朱理学，积极收罗了李光地、魏裔介、熊赐履、汤斌等一班"理学名臣"，命他们纂修《性理精义》等书，颁布天下。康熙皇帝还在山东曲阜祭孔庙，在南京谒明太祖陵，把理学的"忠""孝"思想更加推广。这样一来，满、汉地主阶级的联合统

① 光绪《浙江通志》卷一〇〇《风俗》下雍正七年谕。
② 以上分见《清圣祖实录》卷一一，康熙十七年一月；卷八〇，康熙十八年三月；卷八一，康熙十八年五月。

治得到了加强，封建专制主义中央集权的国家机器更加强化了。

　　清朝统治者在对各族上层分子进行笼络利诱的同时，对不利于他们统治的思想言行，则进行严厉钳制和残酷镇压。清独裁者总是妄想臣民像一群温驯的牛马，永远听凭奴役和驱使。但是，总还有一部分知识分子厌清思明，如黄宗羲就曾经表示过："狂言不怕山精漏！"[①]于是，清统治者从顺治时代起即开始制造文字狱，历康、雍、乾三世一百多年，堪称史无前例。如康熙二年（1663）浙江湖州富商庄廷鑨请人增编《明书》，如实地写了明末天启、崇祯两朝的一段历史，包括建州卫与明朝政权的关系等，便被认为是有意反清。清廷把已死的庄廷鑨开棺戮尸，作序者、刻印者、校阅者、售书者、藏书者被杀七十二人，充军边疆的也有几百人[②]。乾隆时代更是登峰造极，查嗣庭、吕留良、胡中藻、王锡候、徐述夔等案都是天下震动的"脍炙人口的虐政"[③]。乾隆曾破口大骂："乃尚有出身科目，名列清华，而鬼蜮为心，于语言吟咏之间，肆其悖逆诋讪怨望，……实非人类所应有。"[④]据近代陈乃乾编辑的《焚书总录》记载，在清代文字狱中，全毁书目二千四百五十三种，抽毁书目四百零二种，销毁书板目五十种，销毁石刻目二十四种，综合起来将近三千种。至于因文字贾祸，究竟使多少人人头落地，使多少人发配边疆，又使多少人打入旗下为奴，今天已无法统计了。

　　这真是一个风云变幻、白云苍狗的时代。在社会上，面对着严峻的现实，知识分子大体也可分为三类。一类是歌功颂德、粉饰太平、俯首

①《玉川门与雁山夜话兼寄方密之》。

②《痛史·庄氏史案》。

③鲁迅《且介亭杂文·病后杂谈》。

④《清稗类钞·狱讼类·胡中藻以坚磨生诗被诛》。

乞怜的巴儿狗。像康熙年间的李光地，当时"位极人臣"，高树名义，道貌岸然；但是全祖望《鲒埼亭集》中揭露，他的行为比什么人都坏。

另一类人则埋头于故纸堆中，不问政治，不问现实，情愿将自己有限的岁月，投入到烦琐的训诂考证工作中去。当然，这是有他们不得已的苦衷的。康、雍、乾三朝，文字狱迭兴，刀光剑影，血肉淋漓。于是读书人人人自危，甚至有"终身不必读书，似我今日"之悔①。他们尤其不敢研究明末史事，怕触犯忌讳；也不敢多写诗文，怕无故惹祸。于是，只好集中精力研究经学，从事校勘、笺注与名物考证工作。这种烦琐考证之风，学者们既利用它以全身远祸，统治者也利用它使知识分子脱离社会斗争以巩固政权。清初以来的汉学和金石考据之学取得空前进展，以至于产生了群星灿烂的"乾嘉学派"，这是和当时精神上、思想上严密的控制有密切关系的。

这样一来，又从夹缝中产生了一类特殊的人物。他们大多赋锦绣之才而抱济世之志，但出于强烈的民族意识，深切感受到清王朝的黑暗，加之因个人仕途坎坷，陷入无所作为的境地，这就使他们或混迹民间，或托身寺庙，经常处于无法摆脱的精神苦闷之中。由于当时文禁森严，所以他们只能将不满现实的满腹牢骚曲折地寄托在笔墨之外，创造了带有政治批判色彩的"狂怪"的文艺作品。

总之，战士、刽子手、奴才、市侩、狂生、理学家、考据迷等等五颜六色的人物组成了"康乾盛世"的社会众生相，闹哄哄、乱糟糟地交织着，创造了清初的文明。

说到当时的文明，最为人所称道的莫过于扬州地区了，那儿真正是

---

① 陆丽京《秋思草堂遗集·老父云游始末》。

"人文鼎盛"之地。清王朝由东北入主中原的几十年间，由于封建专制国家机器的强化，由于清廷在武力镇压农民起义的同时采取了一系列缓和政策，遭到严重破坏的社会生产力已经得到恢复，以商业和手工业为中心的资本主义萌芽的城市经济取得了相当大的发展，同时，和西方资本主义国家也有了日益频繁的通商活动。扬州就是得风气之先的地区之一。

扬州地处大运河与长江汇合处，历来是南北交通的枢纽，隋唐以来，"江淮之间，广陵大镇，富甲天下"①。当时谚称"扬一益二"，意思是说，全国之盛当推扬州为第一，益州（成都）为第二。清初的扬州，既有大运河航运之便，又是全国最大的盐业集散地，经济十分繁荣。雍、乾年间，全国盐务最高行政管理机构——两淮盐运使衙门就设于扬州。盐商官绅竞相豪华，在这里建造了许多优美精巧的园林。特别是乾隆六次南巡都在扬州停留，更刺激了扬州的繁华。其时扬州手工业发达，核刻、玉刻、瓷刻、木刻、竹刻、漆刻、牙刻、砖刻名目繁多，还盛产各种工艺品。现在陈列于故宫珍宝馆的最大的玉雕《大禹治水》，就是由清代扬州的玉工审材度势、精心雕制而成的。这种新兴的商业经济的繁荣，必然促使市民对物质生活和文化生活不断提出新的要求；尤其对于文化方面，他们不满足于过去陈陈相因的"正宗"的那一套，而要求一种较生动活泼的精神享受。另外，盐商富贾生活上穷奢极侈，广筑园林，他们或为了美化环境，或出于附庸风雅，而提倡书画，醉心戏曲，这样，艺术也就成了商品之一。孔尚任曾比喻说："广陵为

---

①《旧唐书》卷一八二。

天下之大逆旅，凡怀方抱艺者莫不寄寓广陵，盖如百工之居肆焉。"①
一些艺术家从各地来到瘦西湖畔，鬻字卖画，发展了自己的艺术。如金
农为盐商的座上客，黄慎从福建到扬州"资画以养母"，等等。这样，就
造成了扬州"人文鼎盛"的局面。江都人薛寿在《学诂斋文集》卷下《读
〈画舫录〉书后》中曾自豪地说：

> 吾乡素称沃壤。国朝以来，翠华六幸。江淮繁富，为天下冠。
> 士有负宏才硕学者，不远千里百里，往来于其间。巨商大族，每以
> 宾客争至为宠荣。兼有师儒之爱才，提倡风雅。以故人文汇萃，甲
> 于他郡。

的确，乾隆时代扬州的经学是举世无双的。这不仅仅因为明星并
出，如焦循的研究《易经》，黄承吉的研究文字，王念孙父子的研究训
诂，阮元的研究名物制度，汪中的辨明学术源流，都是前无古人，自创
新说；而且因为以前的、其他地区的经学研究流于烦琐，失掉了十七世
纪学术思想恢宏活泼的气象，扬州学者能一破晦涩沉闷的局面，大胆对
伦理方面的问题提出自己的看法，继皖学戴震之后，给宋明唯心主义的
理学以严厉的批判。

文艺方面，如果要说起康、雍、乾时期与扬州有关的人物，将是
一份很长的名单。诗人王士禛、戏剧家洪昇、孔尚任，小说家吴敬梓、
沈复等都曾流连维扬，诗酒酬酢。吴敬梓甚至死前几天与友人酣饮大醉
时，还高诵唐张祜的"人生只合扬州死"的诗句。程晋芳在《哭敏轩》

---

① 《孔尚任诗文集》第三册。

中云"生耽白下残烟景，死恋扬州好墓田"，就是指此事而言。扬州地区的文士如诗人吴嘉纪、史学家谈迁等也是卓荦可观，一时之雄。清初，大画家石涛和尚多次来到扬州，从康熙三十二年（1693）起就定居扬州，不懈地进行创作，许多炉火纯青之作都是在这里完成的。

康熙五十七年（1718）石涛在扬州病逝，葬于蜀冈平山堂后。石涛的画意境苍莽，笔墨恣肆，在奇险中有秀润之气，一反仿古旧习。有人说：石涛不到扬州，就无扬州画派。这是不无道理的。"扬州八怪"①正是继承了石涛以及白阳（陈淳）、青藤（徐渭）的传统，大胆突破了当时形式主义画风的束缚，通过诗、书、画、印的巧妙结合，来抒发思想感情，追求个性解放，表现出强烈的叛逆性，具有清傲的风骨美。

郑板桥就生长在这样的时代，生长在这样的土地上。

---

① 周积寅《郑板桥书画艺术》云："'八怪'的姓名和人数有几种不同的说法：一般是根据最早记载的清·李玉棻《瓯钵罗室书画过目考》一书所云，金农、黄慎、郑燮、李鱓、李方膺、汪士慎、高翔、罗聘八人；陈师曾《中国绘画史》加上闵贞，列为九人；郑午昌《中国画学全史》去掉高翔、李方膺，列入高凤翰、闵贞；黄宾虹《古画微》去掉黄慎，列入华嵒、边寿民、陈撰三人而为十人。也有将李黄甦（见汪均《扬州画苑录》）、杨法（见凌霞《天隐堂集》）列入者。俞剑华先生《中国绘画史》说：'愚以为是诸人者，均曾树帜于维扬之画坛，当时虽有八怪之名，而其实人数不止于八人，并无固定之人名，后人遂不免稍有出入。今列其同者于前，而列其异者于后，以其人均为当时之名家，而其画亦足以当怪之名而无愧也。'"

第二章　故园风雨古板桥

荷叶收尽已无擎雨盖
酒三斗米三石许君之世若使以兴不尔若乃之美
辄以所有分好事者与他人共吴兴多好事君且谩
言处其意乃为他性石古木而每念饥时
酒遂取饮一杯酥此行醉念贾耘老贫在
今日舟中无他事十指如悬槌遽言人致佳
陵旧游未为修芳也
脚忘访近无廊然天真与武
大江修竹古木饮村酒後曳杖散
雪堂清境岁晚想此百但有蒿山

一、不幸的“麻丫头”

呜呼二歌兮夜欲半，鸦栖不稳庭槐断！

——《七歌》之二

从繁华热闹的扬州坐船沿运河往北行约两百里，就来到了兴化县。这里地处苏北里下河腹部，地势低洼，四面环水，交通不便，当时人口约十万，堪称穷乡僻壤。板桥四十岁前绝大部分时间是在兴化县城度过的。可以说，这里是他的思想和艺术产生的摇篮。

相传兴化春秋时属吴，战国时属楚，为楚将昭阳食邑，故又名“楚水”“昭阳”。五代吴杨溥武义二年（920），由海陵析地置“招远场”，旋改为兴化县，取兴盛教化之意。南宋绍兴元年（1131），抗金农民军领袖、渔民出身的张荣、贾虎等四义士，从山东梁山一带率义军辗转战斗至兴化，在城东二十余里的得胜湖建立水寨，大破金兵，“得胜湖”

由此得名。元末，封建政权日趋腐朽，蒙汉统治集团变本加厉地盘剥人民，泰州人张士诚领导农民、盐民在兴化起义。他挫败了元军进攻后，以高邮为都城，国号大周，据有苏、杭等大片地区。后来，他逐渐蜕变为封建割据力量，迁都平江，称吴王，还一度投降了元朝。元败，张士诚与朱元璋火并，张士诚覆灭。

对张士诚其人、对他的得失成败，本书不拟探究评价。在元末的种族歧视和阶级压迫的政策下，兴化各阶层人民出于民族和阶级的仇恨，几乎人人参加或同情这支反元起义军。张士诚兵败后，朱元璋登上了皇帝的宝座。一方面，支持过张士诚的人，必然对朱元璋政权抱着敌对或畏惧情绪；另一方面，朱元璋也将兴化视为张士诚的"老巢"，对兴化人很不放心。于是，明廷在洪武年间施行移民政策：把兴化土著居民迁到天津郊区，又将苏州阊门一带居民迁到兴化。郑板桥的祖先就是这时由苏州迁到兴化的。

兴化东城外万寿宫旁建有"书带草堂郑氏宗祠"，板桥这一支郑氏的堂名为"书带草堂"。板桥《和学使者于殿元枉赠之作》云："剪取吾家书带草。"据《莱州府志》，汉代经学家郑玄在高密（今属山东）读书时，庭院的井边长有一种草，叶子好像薤菜，很长且坚韧，郑玄用之捆扎书籍。后来人们就称这种草为"郑公书带草"。那么，板桥究竟是否郑玄后裔呢？有可能。因为东晋时，北方士族大量南渡，如齐梁文论家刘勰的先世就是由山东东莞来到京口（今镇江）定居的。但是，我以为板桥所以云"吾家书带草"者，是因为旧诗词中习见的"攀附风雅"。我的根据是：一、板桥《沁园春·恨》云"荥阳郑，有慕歌家世，乞食风情"，《道情十首》云"我先世元和公公"，俨然以唐白行简《李娃传》和元石君宝杂剧《曲江池》中主人公郑元和的后世自居。
又唐代诗人郑谷以《鹧鸪》一诗出名，时人称为"郑鹧鸪"，板桥又曾
用"鹧鸪"印，以郑谷自况。"吾家书带草"当同属此例。二、史籍上
没有山东侨民流寓兴化的记载。三、板桥较严肃的自叙材料《刘柳村册
子》《板桥自叙》中都没有自己是郑玄后裔的记载。如果确是郑玄后
裔，板桥是会扬扬得意地写上一笔的。所以，我们不可据"剪取吾家书
带草"一句，孤文单证，就将板桥视为郑玄后裔。

兴化"书带草堂"郑氏始祖郑重一，于明洪武年间居兴化北城内之
汪头。家族繁衍，人世沧桑。后世有居城内的，大多是贫寒的知识分子
和贫民；有居乡间的，大多靠务农捕鱼为生。"兴化有三郑氏，其一为
'铁郑'，其一为'糖郑'，其一为'板桥郑'。"[1]郑燮所属的东门城外
古板桥一支，介于城乡之间，生活是很清苦的。板桥《范县署中寄舍弟
墨》云："东门系之苗裔，泰半衣败絮，啜麦粥，处于颓垣破壁中。"
这是当时板桥一支贫困生活的真实写照。

板桥是郑重一之第十四世孙。他曾祖名新万，字长卿，是庠生。祖
父名湜，字清之，是儒官。父名之本，字立庵，号梦阳，是廪生，品学
兼优。生母汪夫人，继母郝夫人。叔父名之标，字省庵，很爱板桥。叔
父仅生一子，名郑墨，字五桥，是庠生。板桥没有同胞兄弟，只有这个
堂弟，彼此感情很好。

郑家有祖产田八十亩，仅能维持温饱，有时还不免要借债。直到后
来立庵经岁科两试一等前列，得廪生，每月可向官府领得廪膳，郑家生
活才渐渐好转。从郑板桥与堂弟郑墨的信中可以知道，郑家有段时间还

[1]《板桥自叙》。

15

有过三百亩田产，雇用过佃户、女佣，板桥做秀才时曾从家中旧书籯中找出过不少前代家奴的契券，可见郑家的境况曾经振兴过。但在郑板桥出世时，家道衰落，已从中小地主降为"破落地主"，家境又特别困难了。

康熙三十二年十月二十五日（1693年11月22日）子时，正当"小雪"，郑板桥出生于今江苏省兴化县城①。根据《尚书·洪范》"燮友柔克"，板桥的祖父和父亲为他取名燮，字克柔。燮，委顺也。老实的立庵先生希望儿子做个随和平顺的人。兴化的民间习俗，以"小雪"前后的十月二十五日为"雪婆婆生日"。瑞雪兆丰年，这当然是个好日子。对于与雪婆婆同时降临人间，板桥终生感到很快慰，他曾刻印——"雪婆婆同日生"，记录了这一祥兆。

不过，板桥日后的性格恰恰与"燮"字的原意相左；板桥降临的地方，也不是繁华都市，而是穷乡僻壤，具体地说，是个周围约二三百步的小岛夏甸。兴化城东与得胜湖之间，方圆几十里中，一万多个小洲立于水上，大则二三亩，小则十余步，人称"万岛之乡"，当地人又叫"垛子"。夏甸就是一个较大的"垛子"。

郑家原有茅屋两间。所谓"郑家大堂屋"包括的瓦屋三间、厢房三间、厨房一间，是板桥做官后才修建的。郑宅位于兴化东城外的古板桥西，护城河水蜿蜒流淌，人们用木板架在护城河上，做了座桥，称板桥②。板桥时常从这座桥上经过，也时常站在桥头观赏城东幽美宜人的风景，

---

① 台北艺术图书公司印行的王家诚《郑板桥传》云："如果依据他在山东潍县当县令时的一首《和高相公给赈山东道中喜雨并五日自寿之作》诗意判断，(其生日）则是'布谷催新绿'的五六月时候。"按"自寿之作"乃高相公之作，王氏大误。

② 后改为砖桥。按咸丰元年修《兴化县志》云："古板桥，东门外。邑人郑进士燮居此。按，今易板为砖。"

故而以后他即以"板桥""板桥道人"自号。

说到名号，有趣的是，板桥小时叫"麻丫头"。因为依兴化民间风俗，生了儿子怕夭折，往往取个"丫头"的小名；并且为了"贵子"不致引起阎王爷的注意而被勾销，名字往往起得很鄙俗低贱，如"瘌丫头"之类。板桥脸上有几颗淡淡的麻子，所以立庵先生就叫他"麻丫头"。板桥一直很珍爱父母贻赐的令名，他在书画作品上常钤上"麻丫头针线"的闲章。丫头是假的，针线自然就是书画了。

立庵先生是个品学兼优的廪生，在家先后教过几百名生徒。他见儿子天资聪颖，内心非常高兴，从小就对板桥悉心教育。板桥三岁时，立庵先生就教他识字；五六岁时教他读诗背诵；六岁以后教他读四书五经，要求抄写熟记；八九岁时教他作文联对。有些文章引述传说板桥为先生改诗"二八女多娇"事，似乎板桥幼年曾从师学习，我认为是不可信的。按《板桥自叙》云："板桥幼随其父学，无他师也。"很明确地说明"无他师"。由于立庵先生是设馆授徒，所以，板桥肯定也随馆学习。立庵先生设馆的地点无文献可征，但板桥题画有"余少时读书真州之毛家桥"之说，可能说的就是立庵先生的设塾地。按真州即仪征，距兴化约二百华里，毛家桥在县城东北三十五里，距兴化不过百余里。

幼年的板桥除了随父亲学习外，还常在外祖父家聆听外祖父汪翊文的教导。汪翊文奇才博学，隐居不仕，大概是个很狂放的人。板桥自称"文学性分得外家气居多"[1]，他的性格、气质肯定受了外祖父的影响。

板桥的叔父之标很爱板桥。叔父仅生一子，名墨，字五桥。郑墨是板桥二十五岁那年才出生的。板桥无同胞兄弟，只有这个堂弟，他们

_____

①《板桥自叙》。

常一块儿玩耍，感情很深。以后，板桥到山东做官，郑墨在兴化主持家计，弟兄常常通信，讨论学问，商议家事。

板桥的生母汪夫人，在板桥三岁时就去世了。她在病重之际，听到儿子夜啼，还挣扎着起来照顾儿子。板桥三十岁时在《七歌》之二中写道：

> 我生三岁我母无，叮咛难割褓中孤。登床索乳抱母卧，不知母殁还相呼！儿昔夜啼啼不已，阿母扶病随啼起。婉转噢抚儿熟眠，灯昏母咳寒窗里。呜呼二歌兮夜欲半，鸦栖不稳庭槐断！

"登床索乳抱母卧，不知母殁还相呼"，这一惨痛的细节，非亲历者不能写出。"灯昏母咳寒窗里"，也是作者儿时睡眼惺忪常见的情景。末两句写庭院中的槐枝折断，鸦鸟也难以栖身，隐喻失母的孩子无依无靠。三岁丧母，这是板桥心中很大的惨痛，诗文中屡有提及，如《得南闱捷音》"何处宁亲惟哭墓"即是。

汪氏病殁后，立庵先生又娶了继室郝氏。郝氏是个善良的女子，在郑家十年，勉力操持这个家庭。板桥在《七歌》之三中缅怀继母，回忆儿时因为少吃了点饭就躺在地上又哭又闹，弄得满脸污垢，郝夫人为他换衣洗衣的情景。可惜大约在板桥十四岁时，郝夫人也病逝了。"无端涕泗横阑干，思我后母心悲酸"，板桥又一次失去了母爱。

继续给板桥以母爱的是乳母费氏。费氏原是板桥祖母蔡夫人的侍女，一直在郑家做女佣。这是一位典型的善良、勤劳的中国劳动妇女。板桥生母死后，她负担起抚育板桥的责任，成了板桥生活和感情上的支柱。康熙三十五年，板桥四岁时，兴化发生大水灾，全县大饥。郑家养不起婢仆，但由于平日待人忠厚，几个奴仆出于感情，甘愿继续为这个家庭操作。同时，他们又必须各想办法，维持生计。费氏每天三顿回家吃饭，仍旧来郑家操劳家务，照顾板桥祖母蔡夫人和板桥。早晨，费氏给板桥穿戴完毕，就背着板桥出门，穿过一条两百步长的竹巷，到东城门口，用一文钱买一个饼给他吃，然后再做其他的事。平时如果费氏弄到一点鱼肉之类的好菜，也是先让板桥吃，再叫自己的儿子吃。康熙三十七年和三十九年，兴化又两次发大水，日子越来越艰难。费氏的丈夫要带妻子到远处谋生，费氏不敢对郑家讲明，又舍不得离开板桥，一连几天暗暗流泪。她把蔡夫人的旧衣服拿出来洗净补好，买了十几捆柴草放在厨房里，又把缸里的水挑满。一天凌晨，她做好饭菜放在锅里，就不声不响地走了。板桥早晨起来，不见往日站在床边帮他穿衣的乳母，便急忙到费氏房里去，只见空无一人。当他揭开锅盖，发现为他做好的一碟菜一碗饭时，八岁的板桥不禁痛哭起来。他所依靠的乳母，又像他的母亲一样，突然被命运之神攫走了。在儿童的心目中，走与死一样，都是消失了。过了三年，费氏回来，继续在郑家做女佣。第二年，费氏的儿子费俊做了八品提塘官，多次要把母亲迎回去供养，但费氏不肯抛下无人照看的板桥，宁愿待在郑家做工，也不去儿子那里享福。费氏与板桥一起生活了三十四年，享年七十六岁。她病故后，板桥沉浸在深切的回忆和哀悼之中，写了一首《乳母诗》：

平生所负恩，不独一乳母。

长恨富贵迟，遂令惭恧久。

> 黄泉路迂阔，白发人老丑。
>
> 食禄千万钟，不如饼在手。

费氏对失母幼儿的爱抚，无疑表现了一种善良、高尚的情操，这位普通劳动妇女的美德对板桥潜移默化的影响是"功德无量"的。板桥后来有强烈的人道主义精神，为官清正，能体恤百姓以至为灾民请赈而罢官，与费氏的教诲和影响是分不开的。

从个人遭遇上说，板桥的童年生活也许是不愉快的。一个打击紧接着一个打击，生离、死别与饥饿，交织成一面网，笼罩了他整个童年，给他留下惨痛的回忆；但也给予了他许多方面积极有益的影响，培养了他吃苦耐劳的品质、顽强不屈的性格和关心民生的思想。

二、少年意气

> 东邻文峰古塔，西近才子花洲。
>
> ——板桥题郑宅门联

板桥的少年时代正处于康熙中朝，这个时期向称"盛世"。通过对各族人民，尤其是对汉族人民的血腥镇压，清政府的统治较稳定了，从而经济日趋繁荣，社会日渐安定。但是，民族矛盾和阶级矛盾并没有缓和下来，只是被一些虚假现象暂时掩盖着罢了。这个时期，清朝统治者对思想的控制已达到极端疯狂的程度。他们拜孔庙，祭孔陵，追封死了两千多年的孔丘为"大成至圣先师"，竭尽全力来提倡和表彰唯心主义的程、朱理学，把它推崇为官方的正统哲学。康熙曾说，孔孟以后，以"朱子之功，最为弘巨"[1]，下令把朱熹的牌位从孔庙的东庑抬入正殿，尊为"十哲之列"，使之成为继孔、孟之后最大的封建权威。康熙又亲自主持编辑《朱子全书》和《性理精义》，重新把朱熹的《四书集注》作为科举考试命题和写作八股文的依据。他还树立和豢养了一大批所谓理学名臣，以充当思想统治的帮凶。

板桥崇奉儒家"修身、齐家、治国、平天下"的信条，想为国为民做点好事，加之康熙时推行的"怀柔"政策，士子多从科举中求得出路，所以，他在少年时代主要仍是读四书五经，作八股试帖。

所谓四书，是指《大学》《中庸》《论语》《孟子》。所谓五经，即《诗》《书》《礼》《易》《春秋》。四书五经是儒家经典。治经是中国儒生的传统，但各个时代其内容又有所不同。两汉诸儒重训诂，宋元学者重义理，明人承宋元余绪，离开书本，高谈心性。康熙时也盛行这样空洞的学风。读书人不读书，不懂又要装懂，于是从经书中拣选几句话，便连篇累牍地写起文章来。

所谓"文章"，在明清时代有特定的含义，即八股文、试帖诗。这是封建科举制规定的必修课。明清时取士以八股为主。什么叫八股呢？就是每篇文章由破题、承题、起讲、入手、起股、中股、后股、束股八部分组成。八股文的题目主要摘自《四书》，甚至把《四书》中本来有固定内容的句子割裂成全无道理的题目，所论内容也要根据朱熹的《四

---

[1] 据王锡荣油印本《郑板桥交游行踪漫考》。

书集注》等书来发挥，断断不能各抒己见。试帖诗即五言排律八韵，也不讲内容，只要切题、合平仄、不走韵就行了。要作好八股和试帖，就要熟读四书五经。八股和试帖这样形式死板的文体，当然是束缚人们思想、维持封建统治的工具。

要通过科举制度做官，首先就要自己的八股、试帖中式。被县考录取称生员，社会上又叫秀才。只有取得秀才资格，才可以参加乡试（省考）。乡试合格，俗称举人。举人可上京会试。会试中了叫贡士。贡士才能参加殿试。殿试及第称进士，前三名通常称状元、榜眼、探花。这是封建社会知识分子梦寐以求的目标。板桥是醉心科举的。这只要看他中进士后作的《秋葵石笋图》诗"我亦终葵称进士，相随丹桂状元郎"，何等神气十足；只要看他书画常钤的印章"康熙秀才雍正举人乾隆进士"，何等自负自傲，即可得知。此外，兴化仅明中叶后，就出了三个宰相——高谷、李春芳、吴姓，其中李春芳还是状元宰相。"乡先贤"的事迹也必然深深激发起了板桥的功名欲望。正是因为这些原因，四书五经、八股试帖成了少年板桥的主要功课。

然而，郑板桥没有成为《儒林外史》中的范进一流"禄蠹"，而是成为扬州八怪之一，这是受生活环境和生活道路等多方面因素影响的。另外，研究其生活环境和生活道路，又有助于我们进一步理解其思想性格的形成。

板桥的家乡兴化是个风光秀丽的水乡，诚如他在《贺新郎·食瓜》中所描述的："吾家家在烟波里，绕秋城藕花芦叶，渺然无际。"这里不仅风物宜人，而且在这片土地上，还流传着许多神秘的传说和美好的神话。传说中兴化是块"真龙宝地"，东城是龙头，西城是龙尾。板桥的出生地夏甸，民间传说就是当年夏禹王治水往东海置放镇海神针时留下的马蹄脚印。郑宅西边烟波浩渺的得胜湖，传说张士诚曾在那儿大摆水上八卦阵。这里的人也特别富于浪漫想象。明初的施耐庵著有《水浒传》，写了梁山英雄月黑风高劫富济贫的传奇故事。明嘉靖二十六年状元李春芳（1510—1584），自号"华阳洞天主人"，是吴承恩撰《西游记》的积极合作者。在那部书里，牛魔猪怪，升天入地，孙猴子一个筋斗就能跳到十万八千里外。陆西星（1520—约1601）相传是小说《封神演义》的作者。在那部书里，哪吒闹海，子牙擒妖，最后将中国道教中的大大小小的神仙逐一加封。这一切，都有助于人们打破思想枷锁，增长浪漫想象，在思想上出格，在艺术上创新。

除此以外，大自然还以其特殊的方式陶冶着艺术家的心灵。兴化是旖旎水乡，尤其郑宅所在的东门一带，更是环境幽美。明代宰辅高谷所点"昭阳八景"，这儿就占了六景：龙舌春云、胜湖秋月、东皋雨霁、两厢瓜圃、木塔晴云、十里莲塘。高谷曾写有《龙舌春》，描述了龙舌津的景色："龙舌津头龙雾生，飐风垂碧挂春城。漫从巫峡朝为雨，忽傍吴山晚弄晴。"东城内有东岳庙、天后宫等名胜和纪念范仲淹、韩贞的范公祠、景范书院、韩公祠等古迹。古板桥在东门外沿着城墙由南往西拐弯处的护城河上，哗哗的护城河水流入郑宅前的车路河。河对岸，文峰古塔高耸云天。距古板桥三四百步就是明代"后七子"之一宗臣读书及墓葬所在的百花洲。历代文人对此地有很多题咏，板桥也写过《宗子相墓》一诗纪胜："寥落百花洲，老屋破还在。远水如带环，东风吹野菜。"相传板桥还曾在郑宅门口写有一副楹联："东邻文峰古塔，西近才子花洲。"在对景物的陶醉中又略带自豪，才气十足！

这时，大自然的一个骄子——竹子，闯进了板桥的生活，它成了板桥最熟悉、最亲切的终生之友。板桥从它那儿得到慰藉，它使板桥成就了令名。兴化县的竹子并不多，但古板桥一带却是例外，郑宅的周围是丛丛青竹。从古板桥向北进城，必须经过一条两百步长的竹巷。巷内，家家以竹为业，所以就叫竹巷。板桥从襁褓时代起，每天早晨，就被乳母费氏背着，穿过竹巷，到城门口去买烧饼吃。从童稚到少年，日日夜夜见惯了竹林的芳姿，听惯了竹林的低语，能不在心坎上刻下深深的印迹吗？关于竹子是如何陶冶这位艺术家的，日后，他在《题画·竹》中曾记叙说："余家有茅屋两间，南面种竹。夏日新篁初放，绿阴照人，置一小榻其中，甚凉适也。秋冬之际，取围屏骨子，断去两头，横安以为窗棂，用匀薄洁白之纸糊之。风和日暖，冻蝇触窗纸上，冬冬作小鼓声。于是一片竹影零乱，岂非天然图画乎！凡吾画竹，无所师承，多得于纸窗粉壁日光月影中耳。"这段文字写得声情摇曳，情趣盎然，任何转述翻译都是完全不必要的。从其中可以看出，确实是古板桥的竹子启发了板桥的绘画灵感。

古板桥多竹，毛家桥也多竹。丛丛绿竹激发着板桥挥毫泼墨，寄情遣兴。《题画·为马秋玉画扇》云：

余少时读书真州之毛家桥，日在竹中闲步。潮去则湿泥软沙，潮来则溶溶漾漾，水浅沙明，绿荫澄鲜可爱。时有鲹鱼数十头自池中溢出，游戏于竹根短草之间，与余乐也。未赋一诗，心常痒痒。今乃补之曰：风晴日午千林竹，野水穿林入林腹。绝无波浪自生纹，时有轻鲹戏相逐。日影天光暂一开，青枝碧叶还遮覆。老夫爱此饮一掬，心肺寒僵变成绿。展纸挥毫为巨幅，十丈长笺三斗墨。日短夜长继以烛，夜半如闻风声、竹声、水声秋萧萧。

为什么板桥爱画竹呢？因为在中国人的传统美学思想里，竹子具有虚心劲节、坚贞不屈、生命力强和平易近人的性格，而这种性格是能激起板桥思想深处的共鸣的。从少年时代起，板桥就开始了画竹。我们完全可以想象，和晦涩暗淡的八股试帖相比，画笔下的竹笔给他少年的心灵带来了何等的清新之气啊！

在板桥十六岁左右，立庵先生要他随邑人陆震（号种园）学作词。同时的学友还有方竹楼国栋、顾桐峰于观等。任乃赓的《郑板桥年表》和一些论著都将板桥从陆震学词定为二十岁时，是据《七歌》之七"十载乡园共游憩"，从作歌之三十岁上推十年。此外别无证据。但板桥二十六岁离家教馆，即与陆震分别，"十载"应从二十六岁上推十年才是。陆震，字仲子，一字种园。他的远祖陆容曾任明朝的外交官，兴化城中央四牌楼上有"辽城汉节"一匾记其功绩。《兴化县志·文苑》云，陆种园"少负才气，傲睨狂放，不为龊龊小谨"。陆种园虽然很穷困，但"淡于名利，厌制艺，攻古文辞及行草书"。他具有一种真正的隐士风度，甘于淡泊而又富于幽默感。他很喜欢喝酒，有时没钱买酒，就把写字的那支大笔抵押在酒店赊酒来喝，等到有人要请他写字时才代他赎回来。他还很肯帮别人的忙。板桥从陆种园学词时，正当可塑性很强的少年时代，无疑，种园先生的这种性格给予了他极大的影响。

陆种园"诗工截句，诗余妙绝等伦"[1]。板桥从其学词是很幸运

——————

①《兴化县志·文苑》。

的。种园先生先教他学婉约派柳永、秦观的词，接着又要他读豪放派苏轼、辛弃疾的词。通过对这些不同艺术风格的领略，板桥觉得苏轼像舞台上的"大净"，而秦、柳是"小旦"，各有千秋，他有意使自己的词写得既婉丽又豪宕①。

板桥对陆种园先生是很尊敬的。他三十岁时，写了《七歌》诗，前六首咏叹父、母、叔、妻、子、女的不幸，最后一首满怀深情地记叙了他的老师陆种园先生：

种园先生是吾师，竹楼桐峰文字奇。十载乡园共游憩，壮心磊落无不为。二子辞家弄笔墨，片语干人气先塞。先生贫病老无儿，闭门僵卧桐阴北。呜呼七歌兮浩纵横，青天万古终无情！

这首诗记叙了他们师生学友的情谊，结尾无可奈何地对当时封建制度下埋没人才的现象发出浩叹。据《兴化县志·文苑》云，方竹楼有"书宗王内史，画近李将军"的自负，顾桐峰"居乡唯与李鱓、郑燮友，目无余子"。方、顾二人的确是一时之英才。板桥五十岁时，在自刻的《词钞·自序》里，特别提到陆种园先生，并且还附刻了陆的词作为纪念。

大约在二十岁，板桥成为兴化县的秀才。

---

① 见《与江宾谷·江禹九书》。

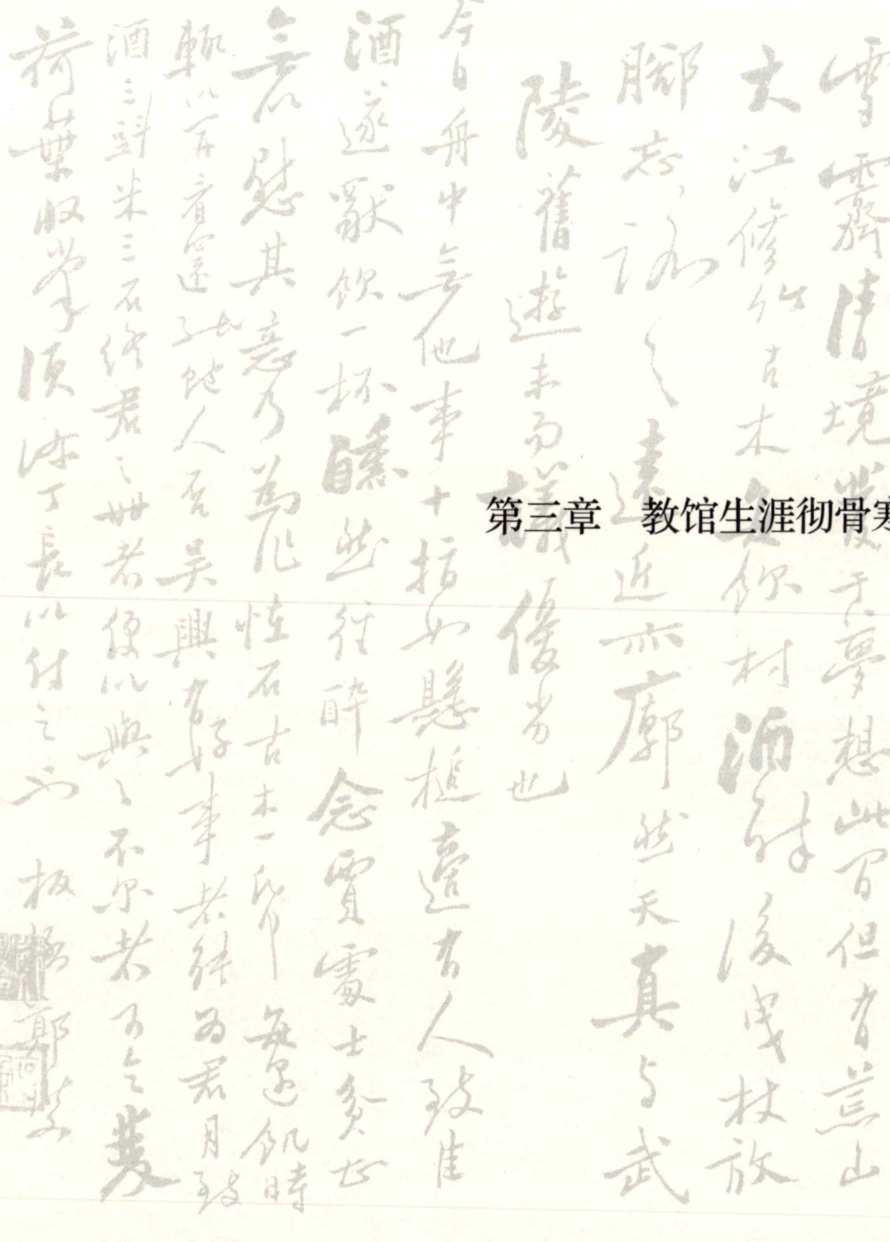

第三章　教馆生涯彻骨寒

康熙五十四年（1715），二十三岁的郑板桥与徐氏结了婚，后生有两男一女。稚儿绕膝，琴瑟和谐，夫妻共度危困生活。但是，日益加重的经济负担，迫使板桥不得不辍学谋生。

靠什么谋生呢？这时候，板桥的兰、竹、石已经画得十分出色，扬州更是全国的艺术品首屈一指的销售市场。开始，板桥也卖过画。但是，他的画立意高雅，不为世俗所重；他又没有什么名气，当然卖不出去。即便有时卖出一两幅，收入也很不稳定。于是，他决定教馆糊口。

板桥之所以做出这个抉择，原因有二：一是按清朝的规定，教馆要首先取得秀才的资格。先此，板桥已经取得了秀才的"文凭"。二是立庵先生就是靠教馆持家，板桥可算"教馆世家"，起手不难。

所谓教馆，也就是俗称的私塾。这种教育方式有塾师自设的学馆，有地主、商人设立的家塾，也有属于以祠堂、庙宇的地租收入或私人捐款举办的义塾（这一种免缴学费）。根据现有的资料，板桥的教馆属于第一种类型。很多读书人在入仕途之前，往往一边教书糊口，一边读书，为科举做准备。起初，板桥在兴化东门宝塔湾开馆。大概在康熙五十六七年，板桥二十五六岁时，来到真州的江村教馆。真州是宋时旧称，清时叫仪征，也是一个繁华的地方。按《仪征志·舆地》（道光刊本）引旧志云：“（江村）在游击署前，里人张均阳筑，今废。”注云：“兴化郑板桥燮尝寓此，与吕凉州辈唱和，有联云：‘山光扑面因新雨，江水回头为晚潮。’”江村似为富商的别墅或园林所在地。从《郑板桥集》及集外逸文中，看不出他与张均阳有过任何接触，大概板桥只是寄居江村而已。

板桥对教馆生活是感到很痛苦和羞辱的。他步入仕途以后，还常常回忆起这段生涯，曾根据当时流行的《教馆诗》略加改动，追述江村的教馆生活：

> 教馆本来是下流，傍人门户渡春秋。
>
> 半饥半饱清闲客，无锁无枷自在囚。
>
> 课少父兄嫌懒惰，功多子弟结冤仇。
>
> 而今幸得青云步，遮却当年一半羞。

此诗对教馆生涯写得非常逼真、细致，反映了作者当时的窘境。他觉得自己寄人篱下，又像是做客又像是坐牢。当时，他在一首七律中坦率地向学生们表明心迹：“萧骚易惹穷途恨，放荡深惭学俸钱。欲买扁舟从钓叟，一竿春雨一蓑烟。”[①] 他甚至想罢馆不干了。

当然，经济拮据是使板桥产生这种感情的一个原因，但更重要的原因却潜藏在他的思想深处。首先，由于他怀抱“修齐治平”之志，故而

---

① 《村塾示诸徒》。

不甘沦落。他认为读书—科举—做官是一条"光明大道"。明末清初顾炎武、黄宗羲认为八股之害甚于焚书，主张治学要"经世致用"，引导人们正视现实，关注民生政治。与此相反，板桥始终是个"科举迷"。他认为"明清两朝，以制艺取士，虽有奇才异能，必从此出，乃为正途"①。他还赞叹说："圣天子以制艺取士，士以此应之。明清两朝士人，精神聚会，正在此处。"②他做官后写信要堂弟努力读书，说："信此言，则富贵；不信，则贫贱。"③他还写过一首《赠高邮傅明府并示王君廷》的诗，一开首就说："出牧当明世，铭心慕古贤：安人龚渤海，执法况青天。"渴求用世之情，溢于言表。有这样的思想基础，对于教馆，他当然痛苦，当然难堪，当然"欲买扁舟从钓叟"了。其次，艺术家可贵的品质，是竭力在作品中表现一种独立的、无拘无束的个性和人格，而教馆先生却要仰人鼻息，既要考虑和家长的关系，又要顾及和学生的关系，这种生活、地位和他的气质、追求格格不入。这就使板桥陷入了深深的矛盾、痛苦之中。

虽然郑板桥对教馆生活很厌恶，但是对江村的山光水色、风土人情却颇感惬意。雍正十三年（1735），板桥重返江村，写给郑墨一封信，信中简练而生动地描写了江村的景物："江雨初晴，宿烟收尽，林花碧柳，皆洗沐以待朝暾；而又娇鸟唤人，微风叠浪，吴楚诸山，青葱明秀，几欲渡江而来。"④这里的生活较兴化老家富足一些。早晨，板桥伴着在田间辛勤耕耘的农夫，开始了教读。黄昏，他喜欢坐在高阁，望

---

①《板桥自序》。

②《题高凤翰画册》。

③《潍县寄舍弟墨第四书》。

④《仪真县江村茶社寄舍弟》。

着江面上移动的点点风帆，听着旷野里隐约传来的狗吠，陶醉在神秘、空阔的江村暮霭之中。夜晚，他常常走过灯火辉煌的渔市，到河桥酒店去独酌。板桥深爱江村，和这里的文士、老农、酒家、道士等结下了深厚的情谊。由于资料缺乏，他在这里的交游已不可考。但是，当时和以后，他记录这段生活的诗词是很多的，从中亦可看出板桥和江村民众相处的融洽：

河桥尚欠年时酒，店壁还留醉后诗。

（《客扬州不得之西村之作》）

送花邻女看都嫁，卖酒村翁兴不违。

（《再到西村》）

分付河桥多酿酒，须留待，故人赊。

（《唐多令·寄怀刘道士并示酒家徐郎》）

最是江村读书处，流水板桥篱落，绕一带烟波杜若。
密树连云藤盖瓦，穿绿阴折入闲亭阁，一静坐，思量着。

（《贺新郎·西村感旧》）

而写得最亲切的，莫过于寄给他在江村教馆时的学生许樗存的《寄许生雪江三首》了，其中第三首云：

不舍江干趣，年来卧水村。

云揉山欲活，潮横雨如奔。

稻蟹乘秋熟，豚蹄佐酒浑。

野人欢笑罢，买棹会相存。

　　江村景色新鲜活跃。云推揉着山峰，山峰好像要活动起来；急雨中的潮水澎湃汹涌。板桥向往着秋熟后的新稻、螃蟹、豚蹄、浑酒等江村风味，向往着与学生的欢聚。这首诗艺术成就较高，亲切随便，一往情深。"何日向，江村躲；何日上，江楼卧"①，以后，在坎坷的人生道路上，板桥甚至表示要到江村来度过晚年。

　　有趣的是，江村也多竹，继续以其高妙的内蕴陶冶着这位艺术家。"江馆清秋，晨起看竹，烟光日影露气，皆浮动于疏枝密叶之间。胸中勃勃遂有画意。"②板桥经常在教馆之余，挥毫写竹。这段时期，他对竹子的观察更细微了。他觉得"眼中之竹"与"胸中之竹""手中之竹"是既有联系又有区别的。他赞叹道："意在笔先者，定则也。趣在法外者，化机也。"③有时，他画的兰、竹、石，也托人带到扬州去卖，借此对困顿的家境作些补益。扬州是个商业城市，豪富的盐商在那里造了很多精致的园林。为了美化环境，他们往往附庸风雅，购置一些书画点缀其间。所以，这期间板桥作画，可能纯是商业性的。由于卖画，板桥也熟悉了一些市场行情与渠道，为日后逐步进入"以画代耕"

①《满江红·思家》。

②《题画·竹》。

③《题画·竹》。

的生涯创造了条件。

这段时期，板桥所读的书，仍是为科举考试做准备的四书五经之类。他的书法也是练习正楷。清代前期的科举考试，主考人对书法特别注重，写字的好坏成了能否录取的重要标准之一。他们对书法提出"乌""光""方"的要求，即字要写得方整划一，用墨要浓，而且要黑得发亮。这种模式化的书法人称"馆阁体"。要入仕首先就得练好馆阁体。《清代名人轶事》云："彭刚直公，不能作楷书，试卷誊正，往往出格。九应童试，皆坐是被斥。"后来有个考官帮忙，彭玉麟才被录取，可见是否会写馆阁体对于仕途是至关重要的。于是，那些有识见的聪明人，只是将馆阁体的本领当作敲门砖。一旦金榜题名，就弃之如敝履。板桥就是这样的人。《清史列传·郑燮传》说他"少工楷书"。可见江村教馆时，他主要练习的必然是小楷。

板桥二十五岁那年，叔父之标先生生了一个儿子，取名叫郑墨。这位堂弟瘦骨伶仃，是平庸、内向的人。他很听板桥的话，后来成了庠生。这期间，由于儿女增多，郑板桥的家庭经济每况愈下。"贫贱夫妇百事哀"，徐氏夫人尝苦如饴，与丈夫分挑着生活的重担。有时，板桥满怀热望外出借债，"出门气颇壮，半道神已微。相遇作冷语，吞话还来归"，碰壁失望而归。徐氏却宽慰他，拿出自己旧日的钗簪衣物，送进当铺，换回一点粮食，暂时解决全家人的温饱。这一段凄苦的生活，板桥在一首题为《贫士》的五言古诗中作了真实的记录，诗中的"贫士"就是板桥自己的写照。

也就在板桥家境最窘迫的时候，他最心爱的儿子犉儿死了。这对于板桥来说是一个沉重的打击。他写有《哭犉儿五首》，倾诉了自己的悲哀：

天荒食粥竟为长，惭对吾儿泪数行。

今日一匙浇汝饭，可能呼起更重尝？

歪角鬏儿好戴花，也随诸姊要盘鸦。

于今宝镜无颜色，一任朝光满碧纱。

坟草青青白水寒，孤魂小胆怯风湍。

荒涂野鬼诛求惯，为诉家贫楮镪难。

可有森严十地开，儿魂一去几时回？

啼号莫倚娇怜态，逻刹非而父母来。

蜡烛烧残尚有灰，纸钱飘去作尘埃。

浮图似有三生说，未了前因好再来。

　　连祭儿也只能用稀饭，作父亲的是很不安的。板桥回忆起犉儿天真活泼的娇态，想到现在他一个人睡在荒野孤坟里，风吼兽叫，野鬼欺凌，感到万分痛心！他满怀深情地希望犉儿能死而复生，再来与父母欢乐地在一起生活。这首诗有很多想象的成分，我们从设想犉儿在阴间受欺凌，也可推想出板桥一家在现实生活中的遭遇。

　　板桥三十岁的时候，父亲立庵先生去世了。家中生活更加困苦，几乎到了揭不开锅的地步；而讨债的人不断敲门索还。唐代杜甫有《乾元中寓居同谷县作歌七首》，自述遭遇，长歌当哭，简称《七歌》。在结构上，七首相同：首二句点出主题，中间叙事，末二句感叹。板桥套用了这一形式，总结性地记叙了三十岁以前的艰苦生活，语言朴素，感情真挚动人。如其六：

我生二女复一儿，寒无絮络饥无糜。

啼号触怒事鞭朴，心怜手软翻成悲。

萧萧夜雨盈阶疤，空床破帐寒秋水。

清晨那得饼饵持，诱以贪眠罢早起。

呜呼！眼前儿女兮休呼爷，六歌未阕思离家。

空床、破帐、漏屋、裂墙，穷寒困厄之状如在眼前。对可怜的小儿女的哭闹，由怒到怜又到悲，一波三折，充满了真挚的父爱。"思离家"指出外谋生。是的，在此之前，他本本分分地读书，考秀才，教私塾，足迹不出方圆一两百里之地，但仍然养不活一家老小。他"背人独自问真宰"，但"青天万古终无情"。他冷静地观察着生活在这块土地上的老乡：冻死、饿死、病死，一代一代在命运的鞭朴下，无声无息地出生，又屈辱辛酸地死去。他决心反抗命运。他要外出谋生，靠自己的聪明才智，改变这穷寒的局面。

第四章　十载扬州作画师

一、卖画扬州

写来竹柏无颜色，卖与东风不合时。

——《和学使者于殿元枉赠之作》

为了摆脱因立庵先生去世而日益蹇困的家境，板桥决定不设教馆，而以卖画为生。后来，他在山东任上写的《署中示舍弟墨》追叙说："学诗不成，去而学写。学写不成，去而学画。日卖百钱，以代耕稼；实救困贫，托名风雅。"他卖画的目的是为了解决生计，这是很明确的。而前面已简略谈到，卖画的主要市场是距兴化约两百里地的扬州。

扬州，在封建时代是繁华的代名词。它自古以来就是一场梦，对于文士画人来说，它更笼罩着五颜六色的理想光环。唐代诗人张祜诗云："十里长街市井连，月明桥上看神仙。人生只合扬州死，禅智山光好墓田。"① 面对笙歌沸天的扬州，觉得死也要死在这里。明末别具一格的散文家、史学家张岱的《陶庵梦忆》说，扬州清明日"惟西湖春、秦淮夏、虎丘秋，差足比拟"。而那些地方"皆团簇一块，如画家之横披"，唯有扬州"鱼贯雁比，舒且长三十里焉，则画家之手卷矣"。纵横的河道，是这写意长卷上空灵的曲线。小秦淮从新城西南角的"埂子"开始，流过扬州旧城小东门和大东门外的两座钓桥，流过沿河栉比的青楼乐户，挟带着令人沉醉的弦管之声，沿着城墙一路北去，经过水关外的红色板桥，折转进入西郊的胜地。这时，画舫、花影、月光和残脂剩粉都流滑在粼粼的水面上。河岸弯弯曲曲，各种奇形怪状的太湖石仿佛给这条彩带镶上了乳白色的荷叶边，更增添了它的韵致。在旧城西北角，小秦淮与北向的西市河及花山涧水合流，投入瘦西湖的怀抱。

瘦西湖是扬州这图画长卷的中心。它本身就是一件稀世的艺术珍品。从红梅怒放的梅花岭向西，沿湖有吹台、月观、凫庄、小金山、红桥、平山堂等名胜。王士禛的《冶春绝句》其一云："红桥飞跨水当中，一字阑干九曲红。日午画船桥下过，衣香人影太匆匆。"瘦西湖就是这样，画艇穿花柳，鬓影杂粉香，充满了浪漫气息。

扬州不仅有绮丽的自然风光，而且有精巧的人工园林。清时有人对江南名城曾这样评论过："杭州以湖山胜，苏州以市肆胜，扬州以园亭胜，三者鼎峙，不可轩轾。"② 扬州园林历史悠久。汉高祖刘邦的侄子刘濞在这里做吴王时，曾在雷塘之畔筑有钓台，后来刘宋时的鲍照在《芜城赋》中追慕过它的盛况。隋炀帝曾经屡次来到扬州，在此大造离宫别

---

① 张祜《游淮南》。

② 牛应之《雨窗消意录》甲集卷三。

馆，著名的有江都宫、显福宫、临江宫等。这些宫馆既有崇殿峻阁、复道重楼，又有风轩水榭、曲径芳林，穷奢极欲，著称于世。清初，板桥卖画时，扬州有王洗马园、卞园、员园、贺园、冶春园、南园、郑御史园和筱园等八大名园，其他园林则数以百计，从北郊到平山堂，就有"两堤花柳全依水，一路楼台直到山"的美誉。

扬州不仅风物宜人，而且盐商聚集，有些商人富可敌国。如果将扬州比作一辆华丽的马车，那么盐商则是踞坐其上的意气飞扬的主人。据说乾隆有一次游瘦西湖，指着一处秀丽的景色对侍从说："这里像燕京的琼岛春阴，可惜就差一座白塔。"当时，八大盐商之一的江春得知后，花了一万两银子贿赂侍臣，取得了白塔的图样；然后"鸠工庀材，一夜而成"。第二天，乾隆看见白塔，大为惊异。这位天子老倌得知其原委后，也感叹说："盐商的财力真了不起啊！"

这些盐商为了美化精巧的园亭，附庸风雅，也就肯花高价购买字画。于是，扬州就成了当时国内最大的字画市场。艺术家都聚集在这里，有声有色地活动在"淮左名都"这个舞台上。他们或在名园游艇中流连，或在青楼酒馆中买醉；或沉思，或狂放，寻求着艺术的灵感。

郑板桥"十载扬州"结识了很多画友，李鱓、金农、黄慎等都与他过从亲密，对他的创作、思想乃至性格都有极大的影响。这期间，统治阶级给予板桥只有冷眼和诽谤。他所感到温暖的，就是这些在贫困中的艺术家们"相濡以沫"的友谊。

李鱓和金农都大板桥七八岁，这时都有相当名声了。他们常常和板桥一起饮酒游玩，切磋书道画艺。李鱓号复堂，气度恢宏，为人爽直而沉默寡言，一望而知见过大世面。他是板桥的兴化同乡，早年在古北口御前献画，康熙皇帝叫他担任过侍从。不过，和板桥相过从时，他已被逐出宫廷，天天喝酒画画，有时烦闷起来，甚至将已画好的画撕裂。他的花鸟画得很精妙，诗也写得好。贺园凝翠楼是他与板桥、冬心等常常流连的地方，楹联"出郭此间堪歇脚，登楼一望已开怀"，就是他所撰。

金农字寿汀，浙江仁和人。满脸络腮胡子，矮墩墩的身材，充满了旺盛的生命力。他有一双深蓝色的眼睛，衣上满是灰尘，又爱好收罗古董，很多朋友都开玩笑说他是唐人传奇中的"胡商"。他曾从大学问家何义门学习，学问很好。据说有次有个盐商请他吃饭，席间以古人诗句"飞红"为酒令。那个盐商说了句"柳絮飞来片片红"，一座哗然。金农为之解围，说这是古人的诗句，并随口编了四句诗："廿四桥边廿四风，凭阑犹忆旧江东。夕阳返照桃花渡，柳絮飞来片片红。"大家以为金农博闻强记，佩服得不得了，那个盐商也很感激。金农不仅才华横溢，而且有强烈的民族意识和以布衣终老的气节，这些，都很使板桥倾倒。

黄慎字恭寿。这位来自福建的画家曾从上官周学画，他昼思夜想突破老师的画风，创立自己的风格，这样痛苦地思索了几个月，后来，他见到了怀素的草书真迹，那飞动的笔势和连绵的线条，使他叹息，使他陷入沉思。一次，他在街上行走时，忽然若有所悟，急忙向街旁的店铺借来纸笔作画。果然画面体现了怀素的笔致和墨色，迥然不同于往日的画境。黄慎不禁拍案大笑："吾得之矣！吾得之矣！"街上的人都以为他疯了。

板桥和这些不同凡俗的朋友，常常聚集在茶楼酒馆，吟诗作画。扬州有"茶肆甲天下"之称，当时的茶馆，多集中在北门桥一带。酒楼多集中于红桥附近，供应有通州雪酒、泰州枯酒、陈老枯酒、高邮木瓜酒、五加皮酒、宝应乔家白酒、绍兴老酒、高粱烧酒等南北名酒。郑板桥和朋友们最爱到六安山僧茶叶馆聚会。那馆是六安山的和尚们开的，用的是自己种的茶。板桥曾为这个茶馆写了一副对联：从来名士能评水，自古高僧爱斗茶。

这些狂客，就是十几年后活跃在江苏扬州地区的一支新兴的绘画流派——扬州八怪。清初，"四王"摹古画派居于"正统"地位，他们以黄公望为远祖，以董其昌为近宗，因循抄袭，造成"人人大痴，个个一峰"的局面。无疑，板桥和他的朋友们是与之大相径庭的，他们给画坛带来了清新之气。

俗话说："腰缠十万贯，骑鹤上扬州。"这句话原出于何处，已不可考。王十朋注苏轼《于潜僧绿筠轩》"世间那有扬州鹤"句引李厚注云："有客相从，各言所志。或愿为扬州刺史，或愿多货财，或愿骑鹤上升。其一人曰：'腰缠十万贯，骑鹤上扬州。'盖欲兼三人者之所欲也。"① 郑板桥既没有权势，又没有金钱和升仙术，他能在扬州得到什么，他的感受如何呢？他曾写有《扬州》七律四首，记叙了他彼时彼地的观感，兹录于下：

> 画舫乘春破晓烟，满城丝管拂榆钱。
>
> 千家养女先教曲，十里栽花算种田。
>
> 雨过隋堤原不湿，风吹红袖欲登仙。
>
> 词人久已伤头白，酒暖香温倍悄然。

① 据《太平寰宇记》卷一二三。此处的扬州实指建业。

廿四桥边草径荒，新开小港透雷塘。

画楼隐隐烟霞远，铁板铮铮树木凉。

文字岂能传太守，风流原不碍隋皇。

量今酌古情何限，愿借东风作小狂。

西风又到洗妆楼，衰草连天落日愁。

瓦砾数堆樵唱晚，凉云几片燕惊秋。

繁华一刻人偏恋，呜咽千年水不流。

借问累累荒冢畔，几人耕出玉搔头？

江上澄鲜秋水新，邗沟几日雪迷津。

千年战伐百余次，一岁变更何限人。

尽把黄金通显要，惟余白眼到清贫。

可怜道上饥寒子，昨日华堂卧锦茵。

　　诗中描写了扬州的畸形繁华，在外似客观的叙述中，带有主观的批判色彩。尤其是"尽把黄金通显要，惟余白眼到清贫"两句，充满了愤懑和不平，这也是这位贫穷的青年画家对于炎凉世态的痛苦体验。

　　我们翻阅板桥在扬州十年期间所写的诗文，发现他的思想较以前有了一定的深度。

　　首先，是他的诗文表现出的兴亡之感。扬州的古迹很多，如隋堤、廿四桥、雷塘、竹西亭、平山堂等，板桥都亲临凭吊。隋大业十四年（618）三月，隋炀帝在江都被缢。唐武德五年（622），葬于雷塘之北。

罗隐诗中“君王忍把平陈业，只换雷塘数亩田”就是指的这个地方。后来，炀帝陵渐渐地荒圮了，已不为人所知[①]。甚至连这样的地方，板桥也“携手玉勾斜畔去”[②]，唱一曲动人的挽歌。他目睹着这些荒凉的角落，想象着它们昔日的繁荣。历史的烟云、人事的更替翻腾脑际，他有了新的发现：

> 任凭他铁铸铜镌，终成画饼。
>
> （《瑞鹤仙·官宦家》）
>
> 待他年一片宫墙瓦砾，
> 荷叶乱翻秋水。
> 剩野人破舫斜阳，闲收菰米。
>
> （《瑞鹤仙·帝王家》）

应该说，这是板桥思想认识的升华。

其次是他对为富不仁的反感和对人才落拓的不平。板桥当时是“落拓扬州一敝裘”，面对扬州这个“有钱能使鬼推磨”的世界，他是很反感的。他最看不起那些听命于金钱，俯首向豪富的人。“尽把黄金通显要，惟余白眼到清贫”就是这种愤慨心情的流露。几十年后，在给乡友的信中，他还时有感触，借题发挥：“学者当自树其帜。凡米盐船算之事，听气候于商人；未闻文章学问，亦听气候于商人者也。吾扬之士，奔走躞蹀于其门，以其一言之是非为欣戚，其损士品而丧士气，真不可

① 炀帝陵直到清嘉庆十二年才为住在雷塘墓庐的扬州学者阮元发现。阮元《修隋炀帝陵记》中有详细记载。

②《赠张蕉杉》。

复述矣！"

基于这种感情，他对那些落拓的才士惺惺相惜，为他们呼喊不平。新昌人潘西凤，字桐冈，精于刻竹，处境很困窘。板桥在《赠潘桐冈》中说：

> ……天公曲意来缚絷，困倒扬州如束湿。空将花鸟媚屠沽，独遣愁魔陷英特。志亦不能为之抑，气亦不能为之塞。十千沽酒醉平山，便拉欧苏共歌泣……

其实，这也是板桥自己的生动写照。他没有什么名气，也就没有人为他捧场；画的画又寄托遥深，品格甚高，也就不为俗人所了解；加之笔墨恣肆狂诞，一反"四王"规矩，这就更招人非议了。总之，在这段时期，板桥的字画是不受重视的。正如他后来所承认的："十载扬州作画师，长将赭墨代胭脂。写来竹柏无颜色，卖与东风不合时。"[1] 是个晦气的青年画家。

二、壮游

老夫三十载，燕南赵北，涨海蛮天。

——《满庭芳·村居》

----

[1]《和学使者于殿元枉赠之作》。

这一时期，板桥除往来于兴化、扬州卖画以外，还常常到外地去游览。从前，他受着生活的羁绊，在兴化、扬州、真州转来转去，也转不出这块狭窄的天地。对此，他颇感苦闷和凄凉。雍正元年（1723），板桥三十一岁时，友人顾万峰赴山东常使君幕，他写了两阕《贺新郎》送行。在词中，除了勉励好友酬报知己、为民勤职外，还表示了自己不安于里的情怀。如其一的前半阕云：

　　掷帽悲歌起，叹当年父母生我，悬弧射矢。半世销沉儿女态，羁绊难逾乡里。健羡尔萧然揽辔，首路春风冰冻释，泊马头浩渺黄河水，望不尽，汹汹势。

于是，从三十二岁到三十五岁，板桥游历了庐山、长安、洛阳、邺城、乌江，然后在北京住了相当长一段日子，后来又客居通州。至于板桥为什么要进行这一番漫游，我以为理由有两个：其一，为了打开仕途的通路。在封建社会想要当官，首先要获得一定的社会声望，最好有大人物帮忙游扬。这样再通过科举，才能较顺利地得到官位。板桥《送都转运卢公》云："吹嘘更不劳前辈，从此江南一梗顽"，说明他还是知道"吹嘘"之妙的。后来他的入仕，也还是得到了慎郡王的帮助。其二，游历是他的一大癖好。《板桥自叙》云："板桥非闭户读书者，长游于古松、荒寺、平沙、远水、峭壁、墟墓之间。"这当然也与他从事艺术、师法造化有关。

雍正二年（1724）初秋，郑板桥第一次远足，目的地是江西庐山。行前写七律《感怀》：

新霜昨夜落梧楸，班马萧萧赋远游。

半世文章鸡肋味，一灯风雨雁声秋。

乘槎东海涛方壮，射虎南山气更遒。

颜白衰亲阙甘旨，为儿犹补旧羊裘。

这首诗三、四句脱胎于杨万里《晓过皂口岭》："半世功名一鸡肋，平生道路九羊肠。"板桥用"文章"替换了"功名"，明显是未入仕时所作。鸡肋者，指科举一途，进取不易，舍弃又不能。五、六句语气突变，用"乘槎浮海"和"射虎南山"的故事，缀以"涛方壮""气更遒"六字来寄托自己对这两种人物的羡慕和赞颂。末两句是说自己没有"甘旨"奉养白发衰亲，反而连累她为自己补衣，以委婉深情作结。

庐山，在江西九江之南，飞峙长江边，紧傍鄱阳湖。相传周朝有匡氏七兄弟上山修道，草庐为舍，故又名匡山，或匡庐。庐山多险绝胜景，瀑布更是名传天下。其中仙人洞石松横空，五老峰昂首天外，含鄱口势吞沧海，大天池霞落云飞，白鹿洞四山回合，玉渊潭惊波奔流，有"匡庐奇秀甲天下山"之称。苏东坡曾写诗道："横看成岭侧成峰，远近高低各不同。不识庐山真面目，只缘身在此山中。"板桥来到这里，对景挥毫，把苍山、云海、银瀑、墨松尽收笔底。现存的板桥画卷中，除《双松图》《甘菊谷泉图》《南山松寿图》等寥寥几幅外，大多是兰、竹、石。但是，我们就从这些仅存的图卷中，也可以看出板桥对于山水画的素养和功力。这当然得力于早年壮游的"搜尽奇峰打腹稿"了。

庐山不仅奇岩绮丽，云烟变幻，而且寺庙极盛。东汉明帝时，就是中国佛教中心之一，有三大名寺（西林、东林、大林），五大丛林（海会、秀峰、万杉、栖贤、归宗）。历代释道多前来叩拜。在这里，板桥结识了无方上人。无方，江西人，后来北游燕赵，曾在燕京西郊的瓮山寺住锡。他的心胸异常寥廓淡泊，对任何世俗事务都无所挂牵。他的品德也很高洁，平常穿着补丁衣，说话充满了禅机。"初识上人在西江，庐山细瀑鸣秋窗。"① 板桥与无方上人是在"飞流直下三千尺，疑是银河落九天"这样的人间仙境相逢的。他们的交谊很深。板桥曾为他画竹画兰，十年后，即乾隆元年（1736），板桥还写过《赠瓮山无方上人二首》《瓮山示无方上人》《怀无方上人》等诗歌，寄托其怀念倾慕之情。当时，他们遇到一位笔帖式（掌理翻译满、汉文书的小官）保禄。保禄赠联云："西江马大士，南国郑都官。"将无方比作马祖禅师（唐僧道一），把板桥比作唐代都官郎中郑谷。郑谷是唐末诗人，以《鹧鸪诗》得名，人称"郑鹧鸪"。唐末诗僧齐己赞他为"高名喧省闼，雅颂出吾唐"。因为板桥与之同姓，又在清新通俗上有相似之处，所以，他对保禄的比喻很满意，以后就刻了"鹧鸪""都官"两印，常加钤书画。

　　这里，顺带讨论一下板桥是否游历过洞庭湖。因为《板桥词钞》中有八首《浪淘沙》词，题为《和洪觉范潇湘八景》，写的是潇湘夜雨、山市晴岚、渔村夕照、烟寺晚钟、远浦归帆、平沙落雁、洞庭秋月、江天暮雪等洞庭一带的八景，所以有些人认为他于庐山之行中曾南下到过洞庭。我以为这种说法孤文单证，是不能成立的。第一，洪觉范是宋代僧人，他所作《潇湘八景》后世代有赓和，很多人（如元代马致远

---

① 《怀无方上人》。

等）都未到过沅湘而有和作，《潇湘八景》已成为封建文人常用的诗词套目，板桥此作当亦是这种文人游戏。第二，还有人举出板桥有诗《为黄陵庙女道士画竹》，证明其到过洞庭。黄陵庙即二妃庙，本在湖南岳阳。但前已指出，很多释道都云游到庐山，无方上人与黄陵庙女道士均属此类，不足以因此得出板桥到过洞庭的结论。第三，板桥没有其他诗文记载或追忆曾到过沅湘。据上，我认为板桥庐山之行，庐山而已，没有到过湖南。

游览庐山后，板桥又北上，游览了长安、洛阳、邺城、乌江、易水。长安旧殿，西风陵阙，铜雀荒台，乌江浊浪……都强烈地拨动着他的心弦。在旅途中，板桥不仅饱览了大好河山，驱散了心中积郁，而且吊古抒怀，沉浸在历史的惊涛骇浪之中。这些怀古之作，大都词出己意，寄托遥深。有些诗如《铜雀台》还闪耀着人道主义的光芒。这次旅程是以燕京作结的。当时是雍正三年（1725），板桥三十三岁。他在燕京住了两年多。

燕京，大清帝国政治、经济、文化的中心，这里不仅有红墙绿瓦砌成的紫禁城，而且街上到处都可见蒙古人、旗人、回族人、藏人和洋人。如果说扬州的景色是绮丽的话，那么燕京的景色可用"壮阔"二字来概括。卢沟晓月、金台夕照、琼岛春阴、太液秋风、蓟门烟树、紫禁巍峨、居庸叠翠、西山晴雪……一切都显得那么典雅庄重，伟大开阔。这是锦绣中华的中心啊！它比扬州更能激起板桥的用世雄心。他热切地向往着自己将来能做一个"京官"。

也许是由于好友李鱓的推荐，也许是扬州同乡的传扬，也许是他自己的不同流俗的气质和带有鲜明个性的字画所具有的魅力，板桥在燕京是交游广泛的。他有时住在寺庙里，有时住在朋友家中，除了和文士、画师、和尚、歌伎来往外，还和羽林的禁卫、将军的子弟游玩。当然，卖画仍是他谋生的主要手段。

燕京是整个大清帝国的缩影，聚集着利碌之徒和庸俗之辈。板桥的朋友杭世骏曾说："自吾来京都，遍交贤豪长者，得以纵览天下之士。大都绮章绘句，顺以取宠者，趾相错矣。其肯措意于当世之务、从容而度康济之略者，盖百不得一焉。"[①] 这是杭世骏对燕京的观感。无疑，板桥的看法是"英雄所见略同"的。但是，他性如烈火，没有杭世骏那样的涵养，就发而为"使酒骂座，目无卿相"了。此外，燕京是院画的中心，程式化的"四王"画风统治着画坛，更容不得板桥那种歪脖子跷腿的狂怪笔墨；加上经常与板桥一块儿游玩的那些禁卫军官的子弟，因父兄出入宫廷、官场，对上层的黑暗，包括那些头面人物的丑闻秽行都有所了解，大家都风华正茂，携手同游时，每每放言高论，激浊扬清，臧否人物。这样，板桥就招致了"狂名"，干谒的门径也就阻塞了。庸俗的社会风气要把人的真挚的个性都磨去，这是使板桥最难堪的。他在《自遣》中愤激地抗议："啬彼丰兹信不移，我于困顿已无辞。束狂入世犹嫌放，学拙论文尚厌奇。"诗中说，我约束清狂的性格来对待世事，还被人嫌恶为"放荡"；我佯装笨拙，不露聪明地评论文章，尚且被人厌弃为"新奇"。这当是对那些诬蔑之词的还击。阮元的《广陵诗事》载板桥曾借韩愈解嘲的话，刻了一方印"动而得谤，名亦随之"，亦可参证。板桥原有的寻求事业的雄心和热情，被北京强劲的风沙吹得大减。这时，他对仕途表示灰心厌倦，写下了著名的《燕京杂诗》：

①《道古堂文集》卷十五《送岷江知晋州府》。

　　不烧铅汞不逃禅，不爱乌纱不要钱。

　　但愿清秋长夏日，江湖常放米家船。

　　偶因烦热便思家，千里江南道路赊。

　　门外绿杨三十顷，西风吹满白莲花。

　　碧纱窗外绿芭蕉，书破繁阴坐寂寥。

　　小妇最怜消渴疾，玉盘红颗进冰桃。

　　当然，愤激之词并不说明板桥已绝意仕进；但是，他在这组诗中鲜明地表示了他的鄙弃和追求，表示了他对家乡的思念，抒写了闲居的情趣。正由于他不奉道，不信佛，不爱官，不要钱，所以追求高雅的精神生活。全诗写得很潇洒，又略带自负。诗中出现的"小妇"，当是板桥在京的相好。惜无旁证，只得存疑。

　　板桥第一次旅居燕京，四处碰壁。他既不善于"朝扣富儿门，暮随肥马尘"，讨人家的残羹剩炙；也不甘于默默无闻，布衣终世。在一片诽谤声中，他思念水道弯弯的江南，思念荷红藕碧的家乡，思念倚门而望的妻儿。这时他写的《花品跋》就带着这种情绪的投影。跋甚短，兹录如下：

　　仆江南迁客，塞北羁人。满目风尘，何知花月；连宵梦寐，似越关河。金尊檀板，入疏篱密竹之间；画舸银筝，在绿若红蕖之外。痴迷特甚，惆怅绝多。偶得乌丝，遂抄《花品》。行间字里，一片乡情；墨际毫端，几多愁思。书非绝妙，赠之须得其人；意有堪传，藏者须防其蠹。雍正三年十月十九日，板桥郑燮书于燕京之忆花轩。

"衣裳检点不如归"，板桥终于踏上了南下的归程。总结这次旅游，板桥自己承认"落拓而归"。

雍正五年（1727），板桥客于通州。通州辖境相当于现今的江苏长江以北泰兴、如皋以东地区，俗称南通州。据《刘柳村册子》，知板桥与通州李瞻云及其父亲有来往。

从雍正二年（1724）到雍正五年（1727），板桥的足迹来往于淮北江南、秦陇赵燕。远游使他的艺术得到了社会应有的认识和评价，远游使他交到了新的朋友，远游也使他增长了见识。他将所见所闻，结合学习经史的心得，对现实得出了更深刻的认识。这一时期，他写出了《悍吏》《私刑恶》这样切中时弊的力作。《私刑恶》揭露了胥吏用私刑逼"盗"追赃，并且牵连无辜的残酷行径。"本因冻馁迫为非，又值奸刁取自肥"，很客观、真实地叙述了百姓被逼为"盗"的原因。对此，作者是满怀同情的。但他对封建制度又有所回护，认为"官长或不知也"，表现了思想深处的矛盾。

如果说《私刑恶》还是借谴责历史上的魏忠贤而针砭官吏私设公堂、迫害良民的罪行，《悍吏》则直接针对现实，写出了阶级对立的情况，思想意义是很深刻的：

　　　　县官编丁著图甲，悍吏入村捉鹅鸭。

　　　　县官养老赐帛肉，悍吏沿村括稻谷。

　　　　豺狼到处无虚过，不断人喉抉人目。

　　　　长官好善民已愁，况以不善司民牧。

　　　　山田苦旱生草菅，水田浪阔声潺潺。

　　圣主深仁发天庾，悍吏贪勒为刁奸。

　　索逋汹汹虎而翼，叫呼楚挞无宁刻。

　　村中杀鸡忙作食，前村后村已屏息。

　　呜呼长吏定不知，知而故纵非人为！

　　这首诗，板桥选取了悍吏下乡搜括的场面来刻画，揭露了悍吏残酷压榨百姓的罪恶，抨击了县官的伪善，代老百姓呼喊了痛苦，爱憎分明。尤其是他提出了"长官好善民已愁，况以不善司民牧"的观点。他已猜测到，在当时的社会制度下，不管官吏是清还是贪，老百姓都不得安生。显然，作者继承了杜甫和白居易批判现实主义的优良传统，这是极其可贵的。但是，板桥对"圣主"还抱有幻想，有意回护，又反映了时代和阶级的局限性。

三、天宁寺读书

　　劳劳天地成何事，扑碎鞭梢为苦吟。

——《晓行真州道中》

　　雍正六年（1728）春天，板桥三十六岁，寄寓在兴化天宁寺读书。

　　板桥之所以到天宁寺读书，不外乎有这么几个理由：其一，天宁寺环境安静，能摆脱家庭琐务，潜心攻读。其二，寺庙的斋饭较便宜，适合这个穷秀才的经济能力。其三，板桥一生爱与和尚交朋友，天宁寺中亦当有与其友善者。

读书的目的是集中精力攻读经书，研习制艺，准备乡试。由于清统治者采取"恩威并用"的政策，加强科举制度，笼络知识分子，于是，以考中举人、进士为荣，也就成了社会风气。前面已分析过，板桥是自始至终热衷于科举的。他在这个时候，寄寓天宁寺攻读经书，就是很自然的事了。

不过，颇出人意料的是板桥对八股文的态度。八股文格式严谨拘板，内容限制狭窄，无论对个性、对感情的抒发以及形象思维，都是很大的束缚，因此，往往为一些古文学家所不齿。明末清初思想家、学者顾炎武谓八股之害甚于焚书。他与黄宗羲等人痛矫时文之陋，主张治学"经世致用"，弃虚崇实，力挽颓风。板桥生性豪放狂宕，对古文如《左传》《史记》又极热爱，且钻研极深，按理说他应该拥护顾、黄的主张，反对八股。但事实上他对八股文有特殊的爱好。《板桥自叙》云："明清两朝，以制艺取士，虽有奇才异能，必从此出，乃为正途。其理愈求而愈精，其法愈求而愈密，鞭心入微，才力与学力俱无可恃，庶几弹丸脱手时乎？"简直把绳索当宝贝，把鸩酒当甘露！在板桥的行囊中，时刻不离的两本书，一本是徐渭的《四声猿》，一本就是方百川的制艺文。方百川是清代成就最高的八股文家，也是青年郑板桥崇拜的对象。天宁寺读书时期，除了读经书外，练习作八股文仍然是板桥的主要功课。

读书生活既紧张、艰苦，同时又乐在其中。可惜板桥当时的感觉，没有在诗词中留下痕迹。我们只能从现存的《四子书真迹序》中揣想其大概。

在天宁寺读书时，板桥经常和同学陆白义、徐宗于聚集在一起谈诗论文。夜深了，残灯如豆，冷风将破庙走廊中的落叶吹得沙沙响，同学们谈得起劲，都不愿意离开。有时，月明如昼，他们在寺前的小坪里谈论，谈到兴头上，还拔剑起舞，骑在门外的石狮子背上，议论起军国大事来。三十几岁的热血青年，虽然身无半文，但是都雄心勃勃，要以天下为己任。

为了比赛记诵经文的生熟，他们到兴化正街的纸坊买来很便宜的方格纸，默写经文。板桥每天写三五张或二三十张不等，用了一个多月，默写了《论语》《孟子》《大学》《中庸》各一部。板桥所默写，"语句之间，实无毫厘错谬"。这足以说明他的诵读之辛勤和纯熟了。

板桥不仅能默写经书，而且对于读经有不同时俗的看法。他认为读书的要义是"处而正心诚意，出而致君泽民"。无疑，板桥的这些议论是针对当时只攻理学、不读他书的理学之徒而发的。他认为"讲理学者，推极于毫厘分寸，而卒无救时济变之才"。雍正年间，南京孔庙的围墙被风雨摧倒数丈，板桥借题发挥，说是因为"金陵城中齷齪秀才满坑满谷"，"辱被圣门"，孔子才"毁墙以示驱逐之意"。明末顾炎武曾坚持反对理学家们不读经学原著而抱着几本语录空谈的做法；板桥反对"简而为提要"，抨击"齷齪秀才"，在某种程度上说，是继承了顾炎武等人的传统。此外，板桥读经书，还有一个高出时人之处，就是他不但钻研经义，而且还把经书当成文学作品来学习。《板桥自叙》云："有时说经，亦爱其斑驳陆离，五色灿烂。以文章之法论经，非《六经》本根也。"这倒是和南朝刘勰的《文心雕龙》宗经之旨有共同之处了。

值得一提的是，板桥的书法在这个时期发生了较大的变化。在这以前，板桥主要是练习正楷，并且是那种千人一面的"乌、方、光"的馆阁体。从《四子书真迹序》看，这时已将真、隶相参，杂以行草，初步具有了"六分半书"的面目。傅抱石先生指出："这不但在当时，是一种大胆的惊人的变化，就是几千年来也从未见过像他这样自我创造形成一派的。"

明至清初的书法家们，崇尚晋、唐以来的法帖，谓之"帖学"。其中如祝允明、文徵明、王宠、董其昌、张瑞图、黄道周、倪元璐、王铎等，将个人的气质与古人的面目融合起来，潇洒出尘，千变万化，继承、发展了宋元的书法传统。清代前期，"帖学"没落。统治阶级极力推崇董其昌、赵孟𫖯的书法，臣下也就投"一人"之所好，造成了一种庸俗、恶劣的"馆阁体"书风。当时科举考试的试卷上的字要求"乌""方""光"的小楷。于是，人人都练习这种行行匀整、字字光圆的书体，千人一面，书法艺术也就产生了衰亡的危机。乾隆年代是清政权文字狱最猖獗的年代。一般学者为全身远祸，大都钻进烦琐的考据圈子里，兼之清初以来，金石学大为兴起，汉、晋、南北朝碑刻出土较多，书法也就直接受到影响，在清代的书苑形成了一股"碑学"的波澜。

郑板桥和高凤翰、丁敬、金农等人，就是最早开启学古碑风气的。板桥《署中示舍弟墨》诗云："字学汉魏，崔蔡钟繇；古碑断碣，刻意搜求。"并在一幅大中堂上录南北朝书论云："蔡邕书骨气洞达，爽爽如有神力；邯郸淳书应规入矩，方圆乃成；崔子玉书如危峰阻日，孤松单枝；张伯英书如武帝好道，凭虚欲仙；梁鹄书如龙虎震，剑拔弩张；萧思话书如舞女低腰，仙人啸树；钟繇书如云鹤游天，群鸿戏海，行间茂密，实亦难过邪！"可为学碑确证。这样改革的结果，金农从隶书入手，以《国山碑》和《天发神谶碑》为基础，用秃笔和重墨为之，古朴奇拙，号称"漆书"。板桥则创造了"六分半书"，雄浑峭拔，与金农同时驰骋书坛，各具千秋。

什么叫"六分半书"呢？傅抱石先生在《郑板桥集序》中说："大体说来，他的字，是把真、草、隶、篆四种书体而以真、隶为主的综合起来的一种新的书体，而且又用作画的方法去写。"此说最得正解。"分书"，即隶书，又称"八分书"。顾名思义，"六分半"即是使书体介于隶、楷之间，而且又隶多于楷，这样就不足八分。这当然是"无古无今独逞"的了。

板桥为什么要创造如此狂怪的"六分半书"呢？这是受他"删繁就简三秋树，领异标新二月花"的美学思想的支配的。他在《四子书真迹序》中说自己的书法既没有黄庭坚的劲拔，又看不起赵孟𫖯的滑熟，于是就"师心自用"，创造了这种书体。后来，他六十八岁时，撰《刘柳村册子》，承认"板桥书法以汉八分杂入楷行草，以颜鲁公《座位稿》为行款，亦是怒不同人之意"。

"怒不同人"，即是要有自己的风格。艺术最可贵的是有个人风格，而这，是需要经过痛苦的、如痴如醉的探索的。相传板桥一度苦于自己的书法不能创新，夜里睡在床上还琢磨笔法，不知不觉地用手指在妻子的背上乱画。他的妻子惊醒后埋怨道："我有我的体，你有你的体，人各有一体，你尽在我的体上画什么？"这种无意中巧合的话，对于板桥来说，无异蕴含禅机的当头棒喝。就这样，他坚持"郑为东道主"，创造了"六分半书"。这当然是个极不可靠的有趣味的传说，但是板桥在书法上摒弃旧的习俗，创立个人的风格，是经历了痛苦的"脱胎换骨"的过程，却总是可信的。

这种"脱胎换骨"，就是在天宁寺读书期间。

四、穷途挣扎

明年又值抡才会，愿向秋风借羽翰。

——《除夕前一日上中尊汪夫子》

由于扬州卖画的不景气，由于漫游的花费和夫人的多病，板桥的家庭生活又一次陷入困顿之中。就在这落拓烦恼的时候，他谱写了《道情十首》。这时是雍正七年（1729），他三十七岁。

道情渊源于唐代的《九真》《承天》等道曲，以道教故事为题材，宣扬出世思想。南宋时开始用渔鼓和简板为伴奏乐器，因此也叫"渔鼓"或"鼓儿词"。明清以来流传甚广，题材也有所扩大，在各地同民间歌谣相结合而发展成许多种曲艺，演唱者也不一定是道士了，板桥的家乡有很多人就会唱道情。板桥《道情十首》是流传极广、脍炙人口之作，外似通俗平淡，但他"屡抹屡更"，惨淡经营，十四年才定稿，由门人司徒文膏刻版后，不胫而走，和尚乞儿在唱，樵夫道士在唱，诗人墨客、王侯卿相也在唱。不仅当时风靡，而且流传至今。鲁迅先生在《怎么写》一文里，对《道情十首》也给予了好评。

有些人颇觉奇怪，板桥为什么会在那样苦闷、奔波的环境下，沉浸到如此苍茫、淡泊、静谧的境地？其实并不矛盾。如果说，板桥三十岁左右所作《七歌》是呼天抢地，长歌当哭；那么，三十七岁时所作的《道情十首》则是悲极的缓解，是穷途的自我解脱。何况《道情十首》是在十四年漫长的人生旅程上不断地琢磨与凝练的结晶，随着年岁的渐长，经过无数的变故和挫折，板桥的出世思想也就日益浓厚。《道情十首》正是这种思想发展的轨迹。现将《道情十首》移录于此：

枫叶芦花并客舟，烟波江上使人愁；劝君更尽一杯酒，昨日少年今白头。自家板桥道人是也。我先世元和公公，流落人间，教歌度曲。我如今也谱得道情十首，无非唤醒痴聋，销除烦恼。每到山青水绿之处，聊以自遣自歌。若遇争名夺利之场，正好觉人觉世。这也是风流世业，措大生涯。不免将来请教诸公，以当一笑。

老渔翁，一钓竿，靠山崖，傍水湾；扁舟来往无牵绊。沙鸥点点轻波远，获港萧萧白昼寒，高歌一曲斜阳晚。一霎时波摇金影，蓦抬头月上东山。

老樵夫，自砍柴，捆青松，夹绿槐；茫茫野草秋山外。丰碑是处成荒冢，华表千寻卧碧苔，坟前石马磨刀坏。倒不如闲钱沽酒，醉醺醺山径归来。

老头陀，古庙中，自烧香，自打钟；兔葵燕麦闲斋供。山门破落无关锁，斜日苍黄有乱松，秋星闪烁颓垣缝。黑漆漆蒲团打坐，夜烧茶炉火通红。

水田衣，老道人，背葫芦，戴袱巾；棕鞋布袜相厮称。修琴卖药般般会，捉鬼拿妖件件能，白云红叶归山径。闻说道悬岩结屋，

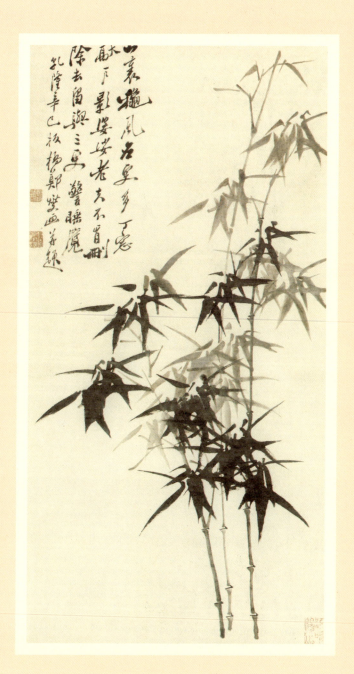

雲舉老夫臺先生　鄭燮

板桥 — 画竹图

板桥—菊花图

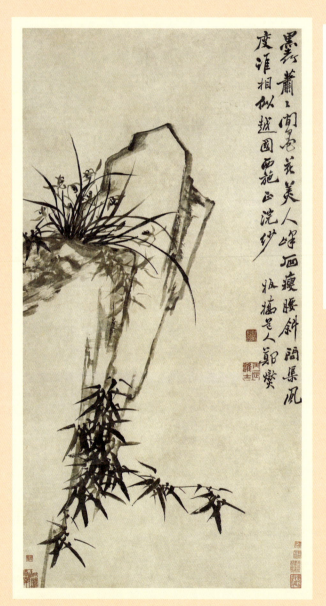

墨蘭蕭蕭閒色花美人峰巡瘦腰斜陽渠風
度淮相似越國西施正浣紗

板橋老人鄭燮

郑板桥诗书画三绝妙趣天成为其晚年
得心之作時乙未炒秋龀平鉴题於石城

鄭板橋瘦石蘭竹弄百真率但惜
痕破為批手呼喏透其風神瀟灑何可
見其筆墨草風穆之一斑也 乙未冬月番平

瘦石兰竹图

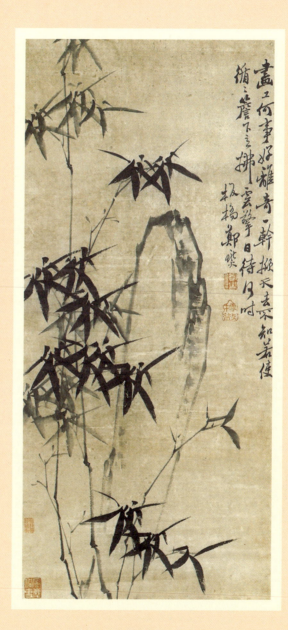

画工何事好离奇一幹掀天去未知若使
缩之簷下三二拂雲擎日待月时
板橋鄭燮

老筆掃蒼雪勁節干青霄寄迹空山
裹詩人伴此君
炳森先生日
墨竹索題書二十字呂應之古泉居廉
板橋道人

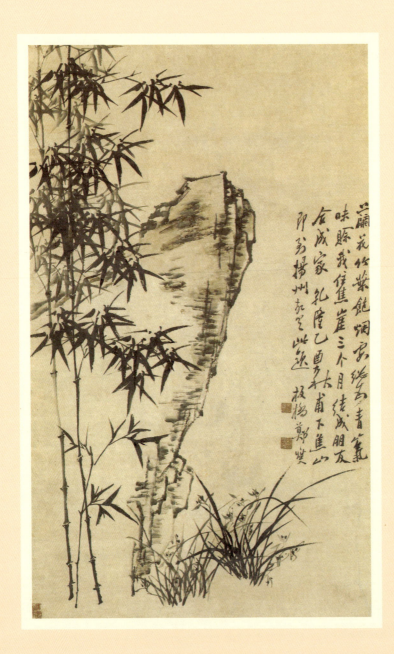

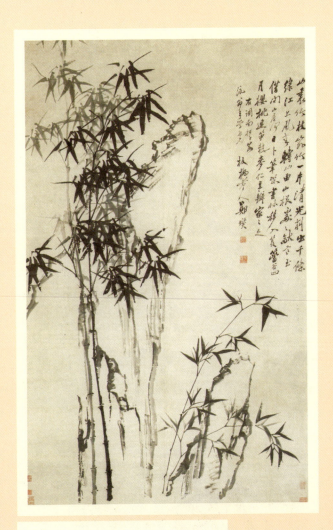

山根寒玉图

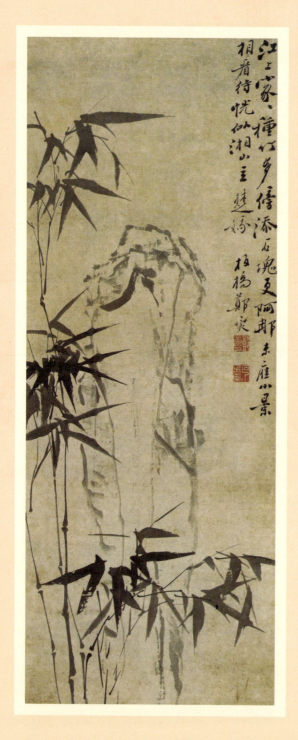

江上吾家，種竹多修偁，添石塊，
更阿鄣，末雁以景。
相看待，忱似湘山主。婕婧
板橋鄭燮

竹石图

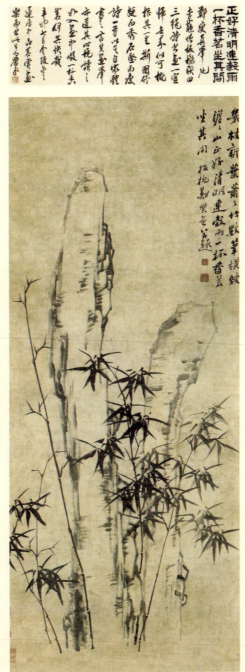

正好清明連穀雨
一杯香茗坐其間
鄭變真率也
去歲得板橋殘田
三絕詩書畫一官
惜去年似可憐
揚其畫斯圖介
綎而香石壘雨渡
詩一首亦畫畫體
書一首亦畫畫
如〔畫中畫挽讀〕
茗何其拱栽
辛卯七月金陵客
連居中品素費畫
柴雨品墨費畫

幾枝新篁一竹數葦橫斜
瀋々山正將清明
連穀雨一杯香茗
坐其間 板橋鄭變畫題

柳 竹石图

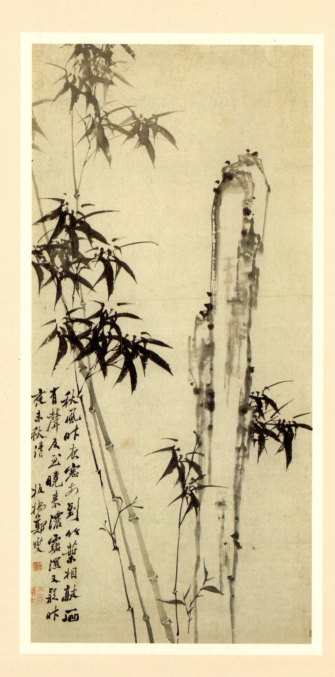

秋風咋夜�窗ろ到竹

葉相戲一面有聲及至曉

來濃露溪又戲咋夜來秋清

板橋鄭燮

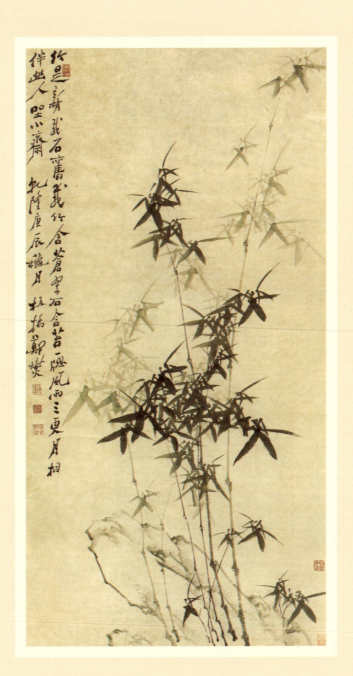

板桥 竹石图

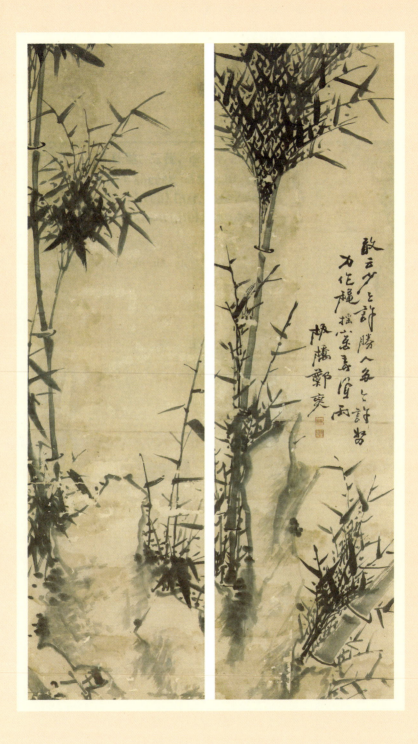

敢云少少之詩
勝人多之詩耶
乃作撥撥
擺小喬長壁兩
板橋鄭燮

却教人何处相寻?

老书生,白屋中,说黄虞,道古风;许多后辈高科中。门前仆从雄如虎,陌上旌旗去似龙,一朝势落成春梦。倒不如蓬门僻巷,教几个小小蒙童。

尽风流,小乞儿,数莲花,唱竹枝;千门打鼓沿街市。桥边日出犹酣睡,山外斜阳已早归,残杯冷炙饶滋味。醉倒在回廊古庙,一凭他雨打风吹。

掩柴扉,怕出头,剪西风,菊径秋;看看又是重阳后。几行衰草迷山郭,一片残阳下酒楼,栖鸦点上萧萧柳。撮几句盲辞瞎话,交还他铁板歌喉。

邈唐虞,远夏殷,卷宗周,入暴秦;争雄七国相兼并。文章两汉空陈迹,金粉南朝总废尘,李唐赵宋慌忙尽。最可叹龙盘虎踞,尽销磨燕子春灯。

吊龙逄,哭比干,羡庄周,拜老聃;未央宫里王孙惨。南来薏苡徒兴谤,七尺珊瑚只自残,孔明枉作那英雄汉。早知道茅庐高卧,省多少六出祁山。

拨琵琶,续续弹,唤庸愚,警懦顽;四条弦上多哀怨。黄沙白草无人迹,古戍寒云乱鸟还,虞罗惯打孤飞雁。收拾起渔樵事业,任从他风雪关山。

风流家世元和老,旧曲翻新调;扯碎状元袍,脱却乌纱帽,俺唱这道情儿归山去了。

道情写得情景如画,韵味无穷。前六首反映了当时的民间生活,分别写渔翁、樵夫、道人、头陀、书生、乞儿，我们于其中不难发现板桥自己、父亲立庵公、老师陆种园先生、无方上人等的形象。后四首写历代兴亡，反映了作者对封建统治阶级内部互相倾轧、争权夺利的丑恶是有所认识的。这十首道情充满了出世思想。板桥在《瑞鹤仙·官宦家》中说："霎时间雾散云销，门外雀罗张径。"在《念奴娇·孝陵》中说："蛋壳乾坤，丸泥世界，疾卷如风烛。"与《道情十首》的思想是一致的。但究其本心，板桥并不是真正想出世，只是因为生活的艰难，人事的杌隉，不能照自己的理想去"立功天地，字养生民"，只得退而期与渔父、农夫没世罢了。

这个时期，除了偶尔外出游览和回兴化小住外（如在天宁寺读书），板桥的居住中心仍是扬州。扬州成了他的第二故乡。他常和一些书画朋友在虹桥、瘦西湖、平山堂一带游玩。其中位于蜀冈中峰大明寺西南角的平山堂，更是登临纵目的极佳处。北宋庆历八年（1048），欧阳修转知扬州，筑堂于此，作为游宴之所。因为从这里望去，唯见江南诸山拱揖栏前，若可攀跻，故取名"平山堂"。板桥《赠潘桐冈》云："十千沽酒醉平山，便拉欧苏共歌泣"，正是他当时生活的生动写照。

雍正九年（1731），板桥三十九岁时，与他甘苦与共的徐夫人病殁了，这给予他精神上莫大的打击。第二年，板桥就要参加南京的乡试，用数十载寒窗的苦功与命运搏斗了，而命运却抢先一步夺走了他的妻子，这是使他终生有剜心之痛的。他在五十岁任范县县令时还刻了一印："常恨富贵迟"；我们结合他的《贫士》诗："待我富贵来，鬓发短且稀。莫以新花枝，诮此蘼芜非。"不难理解他的"恨"蕴含了对妻子的一片深情（详见第五章）。

办理妻子的丧事花了些钱，字画又卖不出去，这年冬天，板桥的家境极其艰难。他只能裹着亡妻生前补缀过的破裘御寒。除夕前的辞年祭祖，也只好供上一瓶白水。眼看明年乡试之期迫近，盘缠无着，借贷无门。但是，倘若放弃这个机会，那么他数十载的辛苦又所为何来，他"致君泽民"的抱负又何由得展？希冀和痛苦折磨着这位穷秀才。

恰好这时汪芳藻担任了兴化县令。据《兴化县志》卷六《秩官》载，兴化在雍正九年一年中换了三任县令：沈濂、王士瑾、汪芳藻。汪芳藻"凡语言文学皆足以振励风俗"，民望、政声都很好。于是，郑板桥写了《除夕前一日上中尊汪夫子》，向汪县令求援。诗中坦率地叙述了自己穷酸的境况，恳切地呼吁："明年又值抡才会，愿向秋风借羽翰。"汪芳藻慧眼识英才，赠给了板桥足够的银两。县令赠银，对于板桥来说，不仅是物质上的支持，也是一种精神上的勉励。板桥终于雄心勃勃地踏上了去南京乡试的征途。

第五章　花枝有恨晓莺痴

一、朦胧的追求

> 颠倒思量，朦胧劫数，藕丝不断莲心苦。
>
> ——《踏莎行·无题》

　　板桥对爱情的追求开始于少年。他与一位表姊妹青梅竹马，两小无猜，产生了爱情，然而却无情地被封建主义的家长包办婚姻扼杀了。板桥后来常常回想那种初恋时特有的风味和情调，陷入了凄凉、痛苦的追忆。他在几首词中为我们留下了一位"盈盈十五人儿小"的年轻貌美的恋人形象。由于这些旧事只是偶尔从他记忆的深处翻腾，零星孤立；且板桥措辞含蓄闪烁，故意藏头露足；加之关于板桥的生平史料甚少，于其初恋更付阙如，所以这里只能作一些初步的探索。

　　《踏莎行·无题》云：

　　中表姻亲，诗文情愫，十年幼小娇相护。不须燕子引人行，画堂得到重重户。　　颠倒思量，朦胧劫数，藕丝不断莲心苦。分明一见怕销魂，却愁不到销魂处。

　　上片写与表姊妹童稚时共同游戏的情景。下片的"朦胧劫数"，即糊里糊涂的厄运，实质上是指封建的家长包办婚姻。他们绝望后，都非常痛苦："分明一见怕销魂，却愁不到销魂处"，语意矛盾而又缠绵悱恻，表现了这对少年恋人复杂、迷茫的感情。

　　这种感情以后常常令板桥细细回味，对往事倍加珍惜，对近况则悔恨交加，进入一种微醺的境地。如《贺新郎·赠王一姐》：

　　竹马相过日，还记汝云鬟覆颈，胭脂点额。阿母扶携翁负背，幻作儿郎妆饰，小则小寸心怜惜。放学归来犹未晚，向红楼存问春消息。问我索，画眉笔。　　廿年湖海长为客，都付与风吹梦杳，雨荒云隔。今日重逢深院里，一种温存犹昔，添多少，周旋形迹！回首当年娇小态，但片言微忤容颜赤。只此意，最难得。

　　细玩上引两词，处处可互作印证。"王一姐"即"中表姻亲"，"竹马相过日""小则小寸心怜惜"即"十年幼小娇相护"，"放学归来犹未晚，向红楼存问春消息"，即"不须燕子引人行，画堂得到重重户"，"今日重逢深院里，一种温存犹昔，添多少，周旋形迹"，即"分明一见怕销魂"。可知二词实写同一位恋人。

　　有人以为"中表姻亲"指板桥的舅舅之女，并引《板桥自叙》：

"板桥外王父汪氏，名翘文，奇才博学，隐居不仕。生女一人，端严聪慧特绝，即板桥之母也。板桥文学性分，得外家气居多。"认为"王一姐"为"汪一姐"之误，"不知是刊刻之误还是作者故弄狡狯"[1]。

我认为，指"王"为"汪"误是没有根据的。中表，指同姑母、舅父、姨母的子女之间的亲戚关系。"王一姐"不一定指汪姓舅父之女。板桥的姑表、姨表中很可能有王姓表姊妹。她的丽影常常浮现在中年后的板桥的记忆中：

> 盈盈十五人儿小，惯是将人恼。撩他花下去围棋，故意推他劲敌让他欺。　　而今春去花枝老，别馆斜阳早。还将旧态作娇痴，也要数番怜惜忆当时。
>
> （《虞美人·无题》）

作者看到零落的花枝，想到从前在花下与恋人的游戏，发出不堪回首的嘘唏。总之，"东风恶，欢情薄"，纯真的爱情在封建社会里是最容易遭到摧残的。这些寄寓着无限切肤之痛的词作，记录了板桥初恋的秘史，也反映了封建礼教的罪恶。

---

[1] 见曲辰《从四首词看郑板桥的初恋》，载《书林》1982 年第 4 期。

二、徐夫人

落日无言秋屋冷，花枝有恨晓莺痴。

——《客扬州不得之西村之作》

康熙五十四年（1715），板桥终于和徐氏结了婚，这年他二十三岁。从这一年到雍正九年（1731）徐夫人卒，是板桥一生极不得意的时期，即《自序》中说的"初极贫"的时期。他先是设塾真州江村教书，后又到处浪游；卖点字画，也是"卖与东风不合时"，生意萧条；常常是"爨下荒凉告绝薪，门前剥啄来催债"①。应该说，徐夫人是与他患难与共的。他们生有二女一子，可惜的是其子犉儿不幸早岁夭亡。

有人认为板桥不爱徐夫人②。我以为板桥对徐夫人的感情是很深的。他在诗词中虽没有描述徐夫人的容止，但常常在描绘全家穷困生活的同时，不经意地向人们洞开一窗，展示了"贫贱夫妻"的情谊。他有首《贫士》诗云：

……归来对妻子，局促无仪威。谁知相慰藉，脱簪典旧衣。入厨燃破釜，烟光凝朝晖。盘中宿果饼，分饷诸儿饥。待我富贵来，鬓发短且稀。莫以新花枝，诮此蘼芜非！

①《七歌》之一。
②见曲辰《从四首词看郑板桥的初恋》，载《书林》1982年第4期。

其中情事在他三十岁所作《七歌》中屡有反映。如：

千里还家到反怯，入门怏怏妻无言。（其五）

我生二女复一儿，寒无絮络饥无糜。……清晨那得饼饵持，诱
以贪眠罢早起。（其六）

因此，《贫士》诗完全可以看作板桥的自叙，它描述了板桥与徐夫
人艰难与共、真挚情深的婚后生活。另一首诗《闲居》则反映了与徐夫
人的日常生活情趣："荆妻拭砚磨新墨，弱女持笺索楷书。"在《哭犉
儿》五首中，板桥对自己与徐氏爱情结晶的夭折，表示了深沉的哀痛：
"啼号莫倚娇怜态，逻刹非而父母来"，深厚的父爱是与对妻子的感情
有内在联系的，这也从另一侧面反映了他对妻子的爱情。总之，板桥与
徐夫人的婚后生活是既和谐，又辛酸的。

正由于他们患难同心，所以对于徐夫人之殁，板桥颇感凄伤。雍正
九年，也就是徐氏病殁那年，他作有《客扬州不得之西村之作》：

自别青山负凤期，偶来相近辄相思。

河桥尚欠年时酒，店壁还留醉后诗。

落日无言秋屋冷，花枝有恨晓莺痴。

野人话我平生事，手种垂杨十丈丝。

有人以为此诗是怀人之作，并怀疑板桥在西村有艳遇[1]。我以为实在是

① 见陈东原《郑板桥评传》。

87

冤枉。此诗前四句抒写了对西村的怀念，五、六两句写目前处境：惨淡的落日默默无言，屋宇显得格外凄冷；花枝似乎蕴含着怨恨，传来的莺啼又仿佛带着一片痴情。景物依然，令人有人去楼空之感。联系写作背景，这种描写突出了板桥悼亡后悲痛凄婉、空虚落寞的心情。此外，如次年游杭州，作《韬光庵》诗，有"我已无家不愿归"之句；中举人后作《得南闱捷音》，有"无人对镜懒窥帏"之句，也都从不同角度表达了板桥对徐夫人的悼念。

雍正九年徐夫人殁后，板桥娶了位继室郭夫人。不过，看来他对郭氏很淡漠，除了《潍县署中寄舍弟墨》第二书、第三书提及外，诗词文中均无表示。

三、饶五娘

> 梅花老去杏花匀，夜夜胭脂怯冷。
>
> ——《扬州杂记》，载《西江月》

乾隆二年（1737），即徐夫人殁后六年，板桥娶饶氏。时板桥已四十五岁，饶氏十九岁。关于这一段姻缘，文集、年谱及野史杂记均未载及，致使《郑板桥集》中不少诗词出现疑点。一九八三年第二期《文物天地》上揭载上海博物馆藏《郑板桥扬州杂记卷》，提供了这一姻缘的原委。现在，我们先介绍这一文献，再参证以板桥诗词，弄清郑、饶结合的概况。

《扬州杂记卷》，纸本，纵18.1厘米，横158.3厘米，钤有"板桥""郑""燮"等印及褚德彝收藏印。据考证，此件是板桥真迹，为板桥于乾隆十二年（1747）丁卯在济南锁院所作。记述他在扬州的杂事共四则，事件互不相涉。关于郑、饶的风流韵事的一段文字跌宕生动，旖旎动人，兹全录于下：

扬州二月，花时也。板桥居士晨起，由傍花村过虹桥，直抵雷塘，问玉勾斜遗迹，去城盖十里许矣。树木丛茂，居民渐少，遥望文杏一株，在围墙竹树之间。叩门迳入，徘徊花下。有一老媪，捧茶一瓯，延茅亭小坐。其壁间所贴，即板桥词也。问曰："识此人乎？"答曰："闻其名，不识其人。"告曰："板桥即我也。"媪大喜，走相呼曰："女儿子起来，女儿子起来，郑板桥先生在此也。"是刻已日上三竿矣，腹馁甚，媪具食。食罢，其女艳妆出，再拜而谢曰："久闻公名，读公词甚爱慕，闻有《道情十首》，能为妾一书乎？"板桥许诺。即取淞江蜜色花笺、湖颖笔、紫端石砚，纤手磨墨，索板桥书。书毕，复题《西江月》一阕赠之，其词曰："微雨晓风初歇，纱窗旭日才温。绣帏香梦半朦腾，窗外鹦哥未醒。　　蟹眼茶声静悄，虾须帘影轻明。梅花老去杏花匀，夜夜胭脂怯冷。"母女皆笑领词意。问其姓，姓饶。问其年，十七岁矣。有五女，其四皆嫁，惟留此女为养老计，名五姑娘。又曰："闻君失偶，何不纳此女为箕帚妾，亦不恶，且又慕君。"板桥曰："仆寒士，何能得此丽人。"媪曰："不求多金，但足养老妇人者可矣。"板桥许诺曰："今年乙卯，来年丙辰计偕，后年丁巳，若成进士，必后年乃得归，能待我乎？"媪与女皆曰"能"，即以所赠词为订。明年，板桥成进士，留京师。饶氏益贫，花钿服饰拆卖略尽，宅边有小园五亩亦售人。有富贾者，发七百金欲购五姑娘为妾，其母几动。女曰："已与郑公约，背之不义，七百两亦有了时耳。不过一年，彼必归，请待之。"江西蓼洲人程羽宸，过真州江上茶肆，见一对联云：山光扑面因朝雨，江水回头为晚潮。傍写"板桥郑燮题"。甚惊异，问何人。茶肆主人曰："但至扬州问人，便知一切。"羽宸至扬州，问板桥在京，且知饶氏事，即以五百金为板桥聘资授饶氏。明年，板桥归，复以五百金为板桥纳妇之费。常从板桥游，索书画，板桥略不可意，不敢硬索也。羽宸年六十余，颇貌板桥，兄事之……

这段文字记叙了雍正十三年（1735），板桥在扬州卖画，虽处穷困落拓之境，而不乏访古寻幽之兴。玉勾斜，在扬州城西北十五里的雷塘附近，是历史上著名的荒淫君主隋炀帝和许多宫女的葬地，又名宫人斜。历来诗人墨客，多有凭吊之作。板桥的《广陵曲》云："隋皇只爱江都死，袁娘泪断红珠子。玉勾斜土化为烟，散入东风艳桃李。楼上摘星攀夜天，斗珠灼灼齐人肩。雷塘水光四更白，月痕斜出吴山尖。晓阁凉云笛声瘦，碎鼓点花撒秋豆。长夜欢娱日出眠，扬州自古无清昼。"就是记述到玉勾斜吊古揽怀。不料在这个恬静的乡村，竟得遇一位惜才钟情的少女，两情相谐，订下终生。后来虽遭波折，但饶忠贞不贰，又得义士相助，才子佳人终成眷属。这段遇合极具传奇色彩，板桥自述更是东风得意，精彩非常。

从上文知，郑、饶的结合，虽年龄悬殊，但双方互敬互慕，是情投意合的。验之诗文，亦不乏佐证。

板桥四十四岁中进士，景况渐渐好转，而又喜获娇娥，所以他常常带着适意的心情描写他们的爱情生活。如：

楼上佳人架上书，烛光微冷月来初。
偷开绣帐看云鬟，擘断牙签拂蠹鱼。

（《怀扬州旧居》）

小妇窃窥廊，红裙扬疏篱。
黄精煨正熟，长跪奉进之。

（《赠梁魏金国手》）

小妇便为客，红袖对金尊。

（《雨中》）

闺中少妇，好乐无猜。

（《止足》）

无疑，诗中的"小妇""少妇"都是指饶五娘。在一首题为《细君》的诗中，板桥还以轻灵的笔触，描绘了饶氏楚楚动人的肖象：

为折桃花屋角枝，红裙飘惹绿杨丝。

无端又坐青莎上，远远张机捕雀儿。

对于天真俏皮、活泼艳丽的少妇风情，板桥是十分欣赏的。

乾隆九年（1744），饶氏生下一子。《潍县署中与舍弟墨第二书》云："余五十二岁始得一子，岂有不爱之理？"又云："可将此书读与郭嫂、饶嫂听，使二妇人知爱子之道在此不在彼也。"《潍县寄舍弟墨第三书》云："又有五言绝句四首，小儿顺口好读，令吾儿且读且唱，月下坐门槛上，唱与二太太、两母亲、叔叔、婶娘听，便好骗果子吃也。"上引家书中的"吾儿"即指饶氏所生的儿子。郭氏置于饶氏之上，是因为郭是板桥续弦的正室夫人，而饶是如夫人。"二太太"可能分别是郭、饶之母。

《扬州杂记卷》的发现，是很有价值的。它不仅提供了郑、饶美满姻缘的原委，而且对程羽宸其人其事亦有交代。板桥集中《题程羽宸黄山诗卷》《怀程羽宸》等诗对程感激涕零，这种关系也在《扬州杂记卷》中找到了根据。

四、与娼女等下层女子的酬酢

遥怜新月黄昏后，团扇佳人正倚楼。

——《追忆莫愁湖纳凉》

旧时代的文人士子常常在宴席上与一些歌儿舞女檀板丝弦，酬酢过从，在放浪形骸的掩饰下，满足醉生梦死的淫欲，或排遣颓唐消沉的情绪。这是所谓"时尚"。当然，板桥也未能免俗。更何况扬州自古是声色繁华之地，诚如他在《沁园春·西湖夜月有怀扬州旧游》中说的："十年梦破江都，奈梦里繁华费扫除。更红楼夜宴，千条绛蜡；彩船春泛，四座名姝。"板桥在扬州居住前后十几年，在烟花巷陌中他是不乏知心的。从现存资料看，板桥在扬州、燕京和海陵都有出身下层的情人，和一些风尘女子结为"尊前知己"。当然，《板桥集》中既有蔑视封建礼法和恪守爱情坚贞之诗，也不无某些耽吟香艳、风流自赏之作。如《满庭芳·赠歌儿》《贺新郎·有赠》等词作均属后者。兹录《柳梢青·有赠》于下，以见一斑：

　　韵远情亲，眉梢有话，舌底生春。把酒相偎，劝还复劝，温又重温。　　柳条江上鲜新，有何限莺儿唤人。莺自多情，燕还多态，我只卿卿。

看来，板桥与这个女子，已达到圆满结合的境地，我们在这里不想对板桥的风流恋妓多加考叙，也不拟对这种"时尚"多加批判。我们认为，值得指出的是，板桥不仅用赞美的笔触描写那些风尘女子的美貌，同时还以充满同情的笔触反映她们的哀愁，对她们飘零的命运表示不平。《雍正十年杭州韬光庵中寄舍弟墨》云："谁非黄帝尧舜之子孙，而至于今日，其不幸而为臧获，为婢妾，为舆台、皂隶，窘穷迫逼，无可奈何。非其数十代以前即自瞻臧获、婢妾、舆台、皂隶来也。"他认为，身份低贱的人，不是血统低贱，他们也应有"黄帝尧舜之子孙"的权利。基于这种思想，他对下层女子深表同情，如《玉女摇仙佩·有所感》云：

> 绿杨深巷，人倚朱门，不是寻常模样。旋浣春衫，薄梳云鬓，韵致十分娟朗。向芳邻潜访，说自小青衣，人家厮养。又没个怜香惜媚，落在煮鹤烧琴魔障。顿惹起闲愁，代他出脱千思万想。　　究竟人谋空费，天意从来，不许名花擅长。屈指千秋，青袍红粉，多少飘零肮脏。且休论已往，试看予十载醋瓶盖盏。凭寄语，雪中兰蕙，春将不远，人间留得娇无恙，明珠未必终尘壤。

他从处于沉沦困境的青衣小婢女，想到自己遭受的不平，并屈指千秋，推想到"多少"才人的"飘零肮脏"，从而产生了一种平生知己的深切共鸣之感，并且发出了"春将不远"的安慰之语。

正由于这样，所以有些下层女子不仅爱板桥，而且能够有助于他的事业。风尘女子在《板桥集》中唯一的留名者是"招哥"。按《寄招哥》云：

> 十五娉婷娇可怜，怜渠尚少四三年。宦囊萧瑟音书薄，略寄招哥买粉钱。

《刘柳村册子》云："《道情十首》作于雍正七年，改削十四年，而后梓而问世。传至京师，幼女招哥首唱之，老僧起林又唱之，诸贵亦颇传颂，与词刻并行。"由此看来，招哥是推广板桥作品的"首唱"之功臣了。所以，我们认为，对板桥与娼女等下层女子的酬酢交往，不可一概视为狎邪艳情，而应该深入探究，得出公允的结论。

第六章　雍正举人乾隆进士

一、一枝桂影功名小

忽漫泥金入破篱，举家欢乐又增悲。

——《得南闱捷音》

《刘柳村册子》云："板桥最穷最苦，貌又寝陋，故长不合于时；然发愤自雄，不与人争而自以心竞。"为了在困顿中燃起希望之火，在汪芳藻的资助下，雍正十年（1732）壬子秋，板桥到南京参加乡试。据《明史·选举志二》，顺天（北京）乡试称北闱，江南（南京）乡试称南闱。清时沿用。南京正是南闱，即清时江南科考举人之地。这是板桥第一次南京之行，除了参加科举考试外，他畅游了南京的名胜古迹。

南京，战国楚置金陵邑，秦称秣陵，三国吴称建业，晋称建康，明称南京，清改为江宁府，不过人们习惯上仍称为南京。据说蜀汉诸葛亮观察南京形胜，长叹道："钟山龙蟠，石头虎踞，此帝王之宅！"三国吴，东晋、宋、齐、梁、陈，五代南唐、明初均建都于此。这些历史陈迹，当然加深了郑板桥的兴亡之感。他写了《念奴娇·金陵怀古十二首》《满江红·金陵怀古》《种菜歌》等诗词，吊古伤今，评议历史人物的得失，寄托了自己的思想感情。

这正是清统治者独裁统治最黑暗的时代。雍正七年（1729）夏五月，以吕留良作品富于民族意识，曾静受吕留良著作影响而游说陕督岳钟琪起义，事败而兴狱。清廷剖吕留良尸，尽诛其族。同年，广西举人陆生楠以注经主封建、立储君、论兵法、论炀帝而获罪正法。同年，雍正帝刊布《大义觉迷录》。雍正八年（1730）冬十月，庶吉士徐骏以诗文获罪处斩。这些事件，使在清廷怀柔政策下逐渐平复了心灵创伤的汉人，又都不寒而栗起来。历史上，南宋遗民怀宋厌元的心情，在清初的士大夫阶层得到了极大的共鸣。板桥崇敬南宋遗民画家郑所南。郑所南笔下的露根兰花，只有根，没有土，一种国土沦亡的愤慨形诸笔墨。板桥理解这种心情，他认为"兰竹之妙，始于所南翁"。他也姓郑，于是刻了方印章"所南翁后"，以郑的后人自许。应该说，他在南京的怀古诗词，正是曲折地表示了对明朝沦亡的惋惜。

在南京，他凭吊过孝陵，凭吊过方孝孺与御史大夫景清的祠堂，也凭吊过福王宫。《念奴娇·金陵怀古词十二首》中的《弘光》云：

弘光建国，是金莲玉树，后来狂客。草木山川何限痛，只解征歌选色。燕子衔笺，春灯说谜，夜短嫌天窄。海云分咐，五更拦住红日。　更兼马、阮当朝，高、刘作镇，犬豕包巾帻。卖尽江山犹恨少，只得东南半壁。国事兴亡，人家成败，运数谁逃得！太平隆、万，此曹久已生出。

弘光是明末福王朱由崧的年号。福王的父亲朱常洵是明神宗的第三子，神宗很爱他。有人说神宗"耗天下之财以肥之"。李自成攻破洛阳，杀朱常洵，其子由崧逃。崇祯十六年（1643）袭福王位。崇祯亡，马士英、阮大铖等拥立福王于南京，号弘光。当时大臣张慎言、吕大器等说："福王由崧，神宗孙也，伦序当立；有七不可：贪、淫、酗酒、不孝、虐下、不读书、干预有司也。"后来事实证明，福王果然是个昏君。清顺治二年（1645）五月，清军攻破南京，福王政权覆灭。"国事兴亡，人家成败，运数谁逃得！"板桥追咏弘光，感慨是很多的。

如果说这首词鞭挞了马、阮等人的卖国罪行，隐约对明亡表示了悼念之情，那么《种菜歌》和《后种菜歌》则在歌颂明末忠臣的骨气和节操中，明确表示了自己的景仰。常延龄是明开国勋臣常遇春十三世孙，曾参与南明抗清斗争，因弹劾马士英、阮大铖而被解职。明亡后在南京种菜，隐居不仕。板桥叙述了常延龄"时供麦饭孝陵前，一声长哭松楸倒"的孤忠后，直抒胸臆：

　　　　人心不死古今然，欲往金陵问菜田。
　　　　招魂何处孤臣墓，万里春风哭杜鹃。

悼亡明，赞孤臣，怀古伤时之情跃然纸上，显然，"欲往""问""招魂""哭"的主语都是作者自己，这样的笔触是很大胆的。

此外，板桥还作有《白门杨柳花》《长干女儿》《长干里》等诗歌，记叙了南京的风土人情。

考试的结果，板桥终于取得了举人资格，他写了《得南闱捷音》，记录了当时那种悲喜交集的心情：

> 忽漫泥金入破篱，举家欢乐又增悲。
>
> 一枝桂影功名小，十载征途发达迟。
>
> 何处宁亲唯哭墓，无人对镜懒窥帷。
>
> 他年纵有毛公檄，捧入华堂却慰谁？

这一份迟来的功名，虽然因父母妻子都不能共享欢乐而颇觉凄然，但毕竟给他在困顿中带来了一点希望。

此行，郑板桥还顺便游览了杭州。任乃赓先生的《郑板桥年表》把它系在试前。王锡荣先生的《郑板桥交游行踪漫考》辨正为试后。王认为："第一，清代秋闱一般在八月初九日开考，十一日考第二场，十五日考第三场；而板桥游杭时间从所作诗词看，似乎在八月半之后（如《西湖夜月有怀扬州旧游》有'飞镜悬空，万叠秋山，一片晴湖'之句）。第二，在临近考试之前，到数百里外做匝月游，除时间不允许，也不会产生那种兴致。第三，诗人《雍正十年杭州韬光庵中寄舍弟墨》有'愚兄为秀才时'之语，当为已经考中举人的口吻。所以我确信，板桥在杭时已经知道自己考中举人，故其时为秋试之后决无可疑。（乡试九月放榜，板桥可能在杭州闻报。）"我认为言之有理，故从王说。

郑板桥此次游杭，住处是北山的韬光庵。从灵隐山云林寺左首的罗汉城西行，攀登着曲曲折折的石磴，就来到了韬光庵所在地、风景如画的巢枸坞。相传唐代高僧韬光在此结庵说法。韬光庵东端有金莲池，为韬光引水种金莲之处。庵内的老僧松岳道行很高，已经有十年没有出山了，对板桥招待得很周到。板桥画了好些画送给他。

俗话说："庐山烟雨浙江潮。"钱塘江潮确是大自然的奇异景象。宋代词人周密说："浙江之潮，天下之伟观也。……方其远出海门，仅如银线；既而渐近，则玉城雪岭，际天而来。"那滚滚的浪潮，传说是春秋时名将伍子胥和文种的英灵，驱使着海族兴波犯岸，以舒泄他们屈死的悲愤。当然，杭州之行最令板桥激动的是观潮。根据现有诗文的考察，他似乎有两种矛盾着的观感。

一种是远望江潮所产生的消极出世思想。韬光庵顶上的石楼方丈，是看日出和观江潮的好地方，亭柱上有唐代宋之问（一说骆宾王）的"楼观沧海日，门对浙江潮"诗联。板桥在观海亭中饮茶远眺，他看到"钱塘雪浪打西湖，只隔杭州一条线"。脚下远处隐隐约约地传来涛声和喧闹声，是闹哄哄的人世。身边却一片寂静。海岳和尚又"饮我食我复导我，茅屋数间山侧左；分屋而居分地耕，夜灯共此琉璃火"。于是，在诵经声中，在神秘的香烟和幽微的琉璃灯火中，板桥追忆自己逝去的父母、妻子、儿子的音容，觉得一切都是空的，发出了"我已无家不愿归，请来了此前生果"的喟叹①。

另一种是近观江潮所产生的积极入世的激情。的确，钱塘江潮的雄姿和巨吼，弄潮儿矫健的身手，给人带来的是气势磅礴、心雄万丈的豪情，对此，郑板桥写了《观潮行》《弄潮曲》等壮丽诗篇，《观潮行》想象丰富，意境开阔。从潮涨潮落、云起云飞的壮观中联想到自己一生

————————

①上两处诗均见《韬光》。

的艰难郁塞，字里行间回荡着一种不平的豪气。《弄潮曲》则再现了钱塘少年弄潮时惊心动魄的场面。按周密《武林旧事》云："吴儿善泅者数百，皆披发文身，手持十幅大彩旗，争先鼓勇，溯迎而上，出没于鲸波万仞中，腾身百变，而旗尾略不沾湿，以此夸能。"板桥此诗一波三折，有声有色：

> 钱塘小儿学弄潮，硬篙长楫捼复捎。
> 舵楼一人如铸铁，死灰面色晴不摇。
> 潮头如山挺船入，樯橹掀翻船竖立。
> 忽然灭没无影踪，缓缓浮波众船集。
> 潮平浪滑逐沙鸥，歌笑山青水碧流。
> 世人历险应如此，忍耐平夷在后头。

开头四句写篙手和舵手一动一静的两种姿态，接下去写弄潮的惊险场面，"忽然"句一抑，然后笔锋一转，写弄潮的胜利。板桥可能从惊涛骇浪中想到了人生的坎坷和险恶，从"忍耐平夷在后头"想到了自己战胜困难而搏来的科举胜利。全诗歌颂了坚忍的战斗精神，具有强烈的感染力。

板桥杭州之行，还游览了"淡妆浓抹总相宜"的西子湖，写了《沁园春·西湖夜月有怀扬州旧游》等诗词。

二、读书焦山

抱书送尔入山去，双峰觅我题诗处。

——《送友人焦山读书》

雍正十一年（1733）秋，郑板桥客居海陵。这一年，他的叔父省庵先生去世了。

按照清朝的规定，乡、会试均为三年一次，会试在乡试的第二年举行。板桥于雍正十年（1732）壬子考中举人，翌年逢癸丑会试，而他没有应试，可能就是时值"居忧"。古代的礼节规定，父母死了，儿子要为之守丧，不治外事，叫"居忧"。因为板桥父亲早病故了，只有这个叔叔，而且"有叔有叔偏爱侄，护短论长潜覆匿"，省庵先生平日待板桥很好，所以板桥为之执"居忧"之礼。

关于板桥客海陵的目的，我以为还是卖画。因为既决定不参加癸丑会试而参加丙辰会试，则温习功课尚非眉睫之急，而当前的生计倒需要着力操持。海陵即泰州，又称吴陵，在扬州东约百里。《泰州志》（道光刊本）云："泰州，春秋时吴地，汉置海陵县。唐武德三年置吴州，更县曰吴陵。七年州废。县复曰海陵，属邗州。"这座古城风景优美，有小西湖等游览名胜。按板桥《词钞》中有《贺新郎·有赠》，写"旧作吴陵客"，在"雨洗梨花风欲软，已逗蝶蜂消息，却又被春寒微勒"的时候，在海陵的一段情事。那段情事已不可考，但从节序上可以肯定，那次不是雍正十一年秋的客居。雍正十一年秋客居之前或者之后，板桥还曾客居过海陵。

雍正十一年客居海陵，郑板桥寄宿在弥陀庵。按《泰州志·寺观》："弥陀庵……在南山寺东南。兴化郑燮有诗。"主持弥陀庵的梅鉴上人酷爱诗文，他穿一身破旧僧衣，天寒霜逼也懒得补缀，却只一个劲地要板桥题诗写字。这种闲散的气质与板桥很相契。唯其如此，板桥为他写了两首诗。其中之一《别梅鉴上人》云：

> 海陵南郭居人少，古树斜阳破佛楼。
>
> 一径晚烟篱菊瘦，几家黄叶豆棚秋。
>
> 云山有约怜狂客，钟鼓无情老比邱。
>
> 回首旧房留宿处，暗窗寒纸飒飔飔。

这首诗与一般留别诗不同，毫无伤感的情调，也不显得缠绵浓郁，具有一种闲淡平静的美，这当然是主客双方思想情绪的反映。

既然决定要走科举的路，就必须定下心来，集中精力读书。于是，在雍正十三年，板桥四十三岁时，读书于镇江焦山，准备迎接丙辰的朝廷会试。这也是他进入中年后的第二次专心读书时期。上一次是七年前在兴化天宁寺。

镇江在历史上是有名的江南古城，有"天下第一江山"之誉。南宋词人陈亮词云"一水横陈，连岗三面，做出争雄势"，可作为镇江地形的鸟瞰。最著名的风景区是沿江夹峙的三山——北固山、金山、焦山。金山以绮丽称世，北固山以险峻擅名，而焦山则以雄秀见长。

焦山位于镇江东北的大江中，山高七十多米。古代山上十分荒凉，只有砍柴人才到这里，故称樵山。东汉末年焦光三次拒招为官，隐居在此，世遂改称焦山。焦山面对象山，背负大江，竹木繁茂，树木葱茏，宛如碧玉浮江，故又名浮玉山。山路旁的悬崖上有宋代石刻"浮玉"两个大字。山上有定慧寺。寺始建于东汉兴平年间，唐时玄奘法师弟子法宝寂来山创建大雄宝殿，宋代改称普济禅院，清康熙四十二年（1703）始称定慧寺。站在寺前可以看到惊涛拍岸，可以听到潮声潮湃。自古以来，流传着"金山寺里山，焦山山里寺"的民谚，就是讲金山小巧，焦山雄浑。当然，形容最妙的是后来乾隆皇帝所作《游焦山歌》："金山似谢安，丝管春风醉华屋。焦山似羲之，偃卧东床袒其腹。此难为弟彼难兄，元方季方各腾声。若以本色论山水，我意在此不在彼。"

郑板桥也是意在焦山。他从象山搭舟，来到这座四面环水的孤山上，寄宿在焦山双峰之阴的别庵。庵内除佛殿和小客堂外，还有花树一庭，小斋三间，环境幽雅，别有一番情趣。板桥曾写了一副楹联："山光扑面经新雨，江水回头欲晚潮。"抬头望，经过一阵新雨泼洗，焦山苍翠欲滴，秀色夺目；俯首看，江水一反常态地由东向西，说明晚潮即将到来。这首楹联贴切地描摹了造化的绮丽和壮观。

这次学习，内容十分广泛，可谓经、史、子、集通观博览，但重点仍是研读四书五经，练习作八股文，为丙辰的会试做准备。这时的板桥已沉浸到作八股文的乐趣之中，这只要引录一下他在学习间暇远足仪真时给郑墨的信即可见一斑：

……先朝董思白，我朝韩慕庐，皆以鲜秀之笔，作为制艺，取重当时。思翁犹是庆历规模，慕庐则一扫从前，横斜疏放，愈不整齐，愈觉妍妙。二公并以大宗伯归老于家，享江山儿女之乐。方百川、灵皋两先生出慕庐门下，学其文而精思刻酷过之；然一片怨词，满纸凄调。百川早世，灵皋晚达，其崎岖屯难亦至矣，皆其文之所必致也。吾弟为文，须想春江之妙境，挹先辈之美词，令人悦心娱目，自尔利科名，厚福泽……

（《仪真县江村茶社寄舍弟》）

信中的董思白、韩慕庐、方百川、方灵皋都是明、清的八股名家。在焦山，板桥给郑墨写了好几封信，除谈学习制艺的心得外，还教导郑墨治学要有重点，要精读一部分书。如《焦山别峰庵雨中无事书寄舍弟墨》云："吾弟读书，四书之上有六经，六经之下有左、史、庄、骚、贾、董策略、诸葛表章、韩文、杜诗而已。只此数书，终身读不尽，终身受用不尽。"无疑，这是很有见地的。

《题自然庵画竹》云："静室焦山十五家，家家有竹有篱笆。画来出纸飞腾上，欲向天边扫暮霞。"焦山读书期间，板桥也没有放弃对书画的钻研。他深深地爱上了满山修竹，在他眼中，这些修竹也像苦读中的自己一样，有一番凌云的抱负。焦山西侧沿江一带，全为峭岩陡壁，其间有宋、元、明历代游客的题名、题诗刻石。从字体来看，有正、草、隶、篆各种书法，琳琅满目，美不胜收，因此焦山又有"书法之山"的美誉。板桥整个地陶醉在焦山这座硕大的书法陈列馆之中了。宋代爱国诗人陆游踏雪观《瘗鹤铭》的石刻，使板桥赏玩不已。全文为："陆务观、何德器、张玉仲、韩无咎隆兴甲申闰月二十九日，踏雪观《瘗鹤铭》。置酒上方，烽火未息，望风樯战舰在烟霭间，慨然尽醉。

薄晚，泛舟自甘露寺以归。明年二月壬午，圜禅师刻之石，务观书。"忠愤之气，萧然之致，千古不灭。至于《瘗鹤铭》则更使板桥如醉如痴，为之颠倒思量了。

《瘗鹤铭》确是稀世国宝。相传东晋大书法家王羲之平生极爱养鹤。有一年他到焦山游览，看到山上有一对白鹤，长得十分可爱。数年以后，他再游焦山时，发现这对白鹤已经死了，心里十分悲伤，于是挥笔写下了这篇《瘗鹤铭》表示悼念。《瘗鹤铭》原刻在焦山西麓岩石上，后因岩石崩裂，坠入江中，清康熙五十二年（1713）镇江知府陈鹏年邀人从江中捞出此碑刻的残石五块，仅有八十一个完整的大字，十一个残缺字，但仍可见字体潇洒苍劲，别具一格。在书法发展史上，《瘗鹤铭》是隶书发展成楷书这一演变过程中著名石刻之一。郑板桥在《署中示舍弟墨》诗中说自己"字学汉魏，崔蔡钟繇。古碑断碣，刻意搜求"。他的"六分半书"隶、楷结合，肯定从《瘗鹤铭》中得到了启示，汲取了营养。后人也曾指出，郑板桥"书法《瘗鹤铭》而兼黄鲁直，合其意为分书"①。

镇江地区多山，西南诸峰，林壑尤美。其中招隐山被宋代著名书画家米芾称为"城市山林"。板桥常来这里游玩，写有《满江红·招隐寺》纪游。上片云："转过山头，隐隐见松林一片。其中有佛楼斜角，红墙半闪。雨后寻芳沙径软，道傍小饮村醪贱。听石泉幽润响琮琤，清而浅。"明白如话而又形象地将旅途所见描摹了出来。

在板桥看来，招隐山不仅外形美，而且有内涵美。招隐山原名兽窟山，晋宋之交戴颙隐居于此，故名招隐山。戴颙对诗、画、雕塑、音乐

---

① 李玉棻《瓯钵罗室书画过目考》卷三。

都有很高造诣，但不愿为官。每当春夏之际，他带着酒和柑子，独自坐在绿荫下，倾听黄鹂歌唱，创作出很多婉转清脆的乐曲。所谓"双柑斗酒听黄鹂"即指此。无疑，戴颙的狂放性格和诗、书、画全才，是很能使板桥倾慕的。山上还有梁昭明太子萧统的读书台。离山不远还有米芾墓。米芾是宋代四大书法家之一，他的以招隐山一带为题材的山水画颇负盛名。板桥对米公亦很神往，他曾在《燕京杂诗》中写道"但愿清秋长夏日，江湖常放米家船"，一寄千古渴慕之情。

江村与焦山隔水相望，那儿是板桥曾经教馆的地方。板桥自离开江村后，劳碌奔波，无缘再去，但他时常回忆那里的朋友和淳朴的生活，也常和旧日的学生书信往来，《客扬州不得之西村之作》一类诗词就表达了他对江村的思恋。在这次焦山住读期间，在学生许既白的邀请下，板桥重游了江村。他们坐在茶社的水阁上，烹龙凤茶，烧夹剪香，听友人吹《落梅花》的笛曲。板桥写有《再到西村》，慨叹"送花邻女看都嫁，卖酒村翁兴不违"，依依不舍地祈求"好待秋风禾稼熟，更修老屋补斜晖"。

三、乾隆进士

牡丹富贵号花王，芍药调和宰相祥。我亦终葵称进士，相随丹桂状元郎。

——《秋葵石笋图》

乾隆元年（1736），板桥第二次进京，参加丙辰会试。经过殿试，结果考中了二甲第八十八名进士[①]。康熙秀才、雍正举人、乾隆进士，历经二十多年的岁月，历经了多少人生的磨难，才成就了这样的"正果"。板桥得意扬扬地画了一幅《秋葵石笋图》，并题诗云：

牡丹富贵号花王，芍药调和宰相祥。

我亦终葵称进士，相随丹桂状元郎。

他四十四岁了，与群芳争艳的青春时代已经逝去了，但终葵在秋天不也随着丹桂一起扬吐芳香吗？

考取进士后，郑板桥还在北京耽搁了很久。因为清时翰林院设庶常馆，选新进士之优于文学书法者入馆学习，称为翰林院庶吉士。三年后（亦有提前者），举行考试，成绩优良者分别授以翰林院编修、检讨等官，其余分发各部任主事等职，或以知县优先委用。板桥要参加庶吉士的选拔，还有一些礼节性的参谒、拜会等活动，要花费很多时间。这时候，板桥出仕的欲望达到了顶点。后来，他在《潍县署中寄舍弟墨》中透露："余本书生，初志望得一京官，聊为祖父争气，不料得此外任。""初"，就是指的这个时候。

前次到北京，没有一个明确的目的。既是为了争取当权者的游扬，也是为了卖画，也是为了游览。这次考中进士后，盘桓京师的唯一目的就是求官了。然而，板桥丑陋的面容、狂傲的性格和横溢惊座的才气，都是进入仕途的大忌。于是，他想学习韩愈进行"干谒"。《读昌黎上

①《清朝历科题名碑录》初集。

宰相书因呈执政》即云："常怪昌黎命世雄，功名之际太匆匆。也应不肯他途进，惟有修书谒相公。"

所谓"干谒"，就是向权要献上诗文，请求延誉，争取尽早做官。干谒之风，唐代盛行。李白、杜甫、韩愈等大文豪都未能免俗。程千帆先生《唐代进士行卷与文学》有精辟考述。只就板桥要效仿的韩愈说，《旧唐书》本传记载他"举进士，投文于公卿间。故相郑余庆颇为之延誉，由是知名于世"。《昌黎先生集》中也保存了有好几篇献文时写的书信，而且这些书信都只载有献文的篇数，而没有写明其题目，以致后人无法确知韩集中哪些文章曾经进献过权要，成为文学史上的"终古之谜"。

必须指出的是，板桥的干谒，并不是屈志辱节的求官，而是基于"大丈夫不能立功天地，字养生民，而以区区笔墨供人玩好，非俗事而何"①的思想，企图"得志则泽加于民"，一展抱负。板桥所崇拜的韩愈就说过："故士之行道者，不得于朝，则山林而已矣。山林者，士之所独善自养，而不忧天下者之所能安也。如有忧天下之心，则不能矣。"这也是封建社会正直的知识分子入世的一般思想，是封建时代知识分子充满了内心矛盾、痛苦的悲剧。

现在能见到的郑板桥的干谒诗是《呈长者》两首：

御沟杨柳万千丝，雨过烟浓嫩日迟。

拟折一枝犹未折，骂人春燕太娇痴。

桃花嫩汁捣来鲜，染得幽闺小样笺。

①《潍县署中与舍弟第五书》。

欲寄情人羞自嫁，把诗烧入博山烟。

羞于自荐而又不得不自荐的心情溢于言表。但是，由于雍正刚死，乾隆新立，朝廷党派之争相当激烈，板桥毫无政治背景，当然他的干谒活动不会取得积极的效果。他终于在一年后"惭予引对又空还"[1]，快快地回到了家乡。

板桥在北京滞留一年左右，除中试和干谒外，其交游踪迹亦应简单叙述一下。

首先是访无方上人于瓮山。无方是十年前在庐山与板桥初识的，乾隆元年时已在瓮山住锡。据清吴长元《宸垣识略》云："瓮山在京城西三十里玉泉之东……乾隆十六年赐名万寿山。"是即今之颐和园万寿山。板桥到瓮山与无方叙旧，作有《赠瓮山无方上人二首》，其中一首云：

一见空尘俗，相思已十年。

补衣仍带绽，闲话亦深禅。

烟雨江南梦，荒寒蓟北田。

闲来浇菜圃，日日引山泉。

除无方外，板桥还去卧佛寺访青崖和尚，去法海寺访仁公，在两处都作了很多诗、画。按《宸垣识略》云："法海寺、法华寺在万安山，二寺前后互相连属，相传为弘教寺遗址。本朝顺治十七年修建，改今名，有御书联额。"下有按语："法海寺在宛平县西四十里，旧名龙泉

---

①《送都转运卢公》。

寺，明正统中建。"是即现在石景山翠微山麓模式口村的法海寺。卧佛寺即西山北部、寿安山南麓的十方普觉寺，殿内供有元至治元年（1321）铸造的铜卧佛一尊，长五米余。板桥《寄青崖和尚》"山中卧佛何时起"即指这尊铜佛。

其次，板桥在北京期间还和书画界中人有些交往。乾元年秋，为了安抚汉族士人的反抗情绪，乾隆在保和殿亲试博学鸿词。金农和板桥的同乡杭世骏同时被保举进京。结果杭世骏取为一等，授翰林院编修。金农则未应试而返。他本来就不想做官，不过是借此行看望燕京旧友，玩赏、收购燕京书肆的古玩、字画罢了。他们和板桥一定在京有些游宴。可惜至今找不到什么文字记载。有记载的是和图牧山的交往。牧山名清格，满洲人，部郎，善画，学石涛和尚。板桥有《赠图牧山》《又赠牧山》诗。其中《又赠牧山》中云："十日不能下一笔，闭门静坐秋萧瑟。忽然兴至风雨来，笔飞墨走精灵出。"叙述作画从构思到触发灵感，再到画出神韵的过程，非个中人不能道。此外，板桥还和国子正侯嘉蹯、中书舍人方趣然、诗人胡天游等交游，有诗作记其事。

四、待宦

莫以梁园留赋客，须教《七月》课豳民。

——《将之范县拜辞紫琼崖主人》

乾隆二年（1737），板桥由北京回到了扬州，一直到乾隆六年（1741）第三次入京前，他都是在扬州和兴化度过的。在此以前，板桥在扬州的住处经常变更，他曾在大盐商汪边璋园子里住过，在盐商兼藏书家马曰琯家住过，在城北竹林寺和一些寺院中也住过。这次回扬，新中了进士，他的画名、书名、诗名、狂名再加上科名，可以说是远近闻名了。他就定居在李氏小园。板桥《怀扬州旧居》题下注云："即李氏小园，卖花翁汪髯所筑。"按钱祥保《甘泉县续志》卷十三云："勺园在北门外，种花人汪希文宅也。希文吴人，善歌，乾隆初来扬州卖茶枝上村，与李复堂、郑板桥友善；后构是地种花，复堂为题'勺园'额，板桥为书'移花得蝶，买石饶云'联句。有水廊十余处，湖光潋滟，映带几席，为是园最佳处。今绿杨村茶肆迤东，即其故址。"可知李氏小园即扬州城北的勺园。板桥处于这样幽美宜人的环境中，又新娶了年轻美丽的饶氏，生活是颇为适意的。后来，他在山东任上写有《怀扬州旧居》：

楼上佳人架上书，烛光微冷月来初。

偷开绣帐看云鬟，擘断牙签拂蠹鱼。

谢傅青山为院落，隋家芳草入园蔬。

思乡怀古兼伤暮，江雨江花尔自如。

表示了自己对勺园生活的眷恋。此外，板桥还写有《李氏小园》四首，对小园邻居的贫穷生活，表达了深切的同情。

刚回到扬州，板桥就遇到了好友顾万峰，他们一起游览了梅花岭史公祠等名胜，顾万峰写诗赠板桥：

　　……亦有争奇不可解，狂言欲发愁人骇。下笔无令愧六经，立功要使能千载。世上颠连多鲜民，谁其收之唯邑宰。读尔文章天性真，他年可以亲吾民。

（《澥陆诗钞·赠板桥郑大进士》）

　　在顾万峰眼里，板桥那种狂气和才气并没有变，只是由于中了进士，似乎加强了"得志泽加于民"的责任感。的确，考察板桥这段时期的交往和诗文，不难发现他更加关心国计民生了。这里举两件事即可说明。

　　其一，乾隆二年（1737）春夏间，高邮知州傅椿驾舟至兴化访板桥，他们"一谈胸吐露，数盏意周旋"，甚为相得。傅椿，号毅斋，满洲镶黄旗人，监生出身。《高邮州志》谓傅从雍正九年（1731）任高邮知州，至乾隆五年（1740）去职，十年任内，廉明勤干。板桥写有《赠高邮傅明府并示王君廷粲》，称颂了傅在乾隆元年（1736）救灾中的卓越贡献，并表明了自己对为官之道的看法："出牧当明世，铭心慕古贤：安人龚渤海，执法况青天……生死同民命，崎岖犯世嫌。"可知他是以"明世""安人""执法"作为做官的准则，并以傅椿这样的贤明官吏作为效法的榜样的。

　　其二，乾隆三年（1738）江南大旱，板桥随安徽布政使晏斯盛的学生拜谒晏，作有《上江南大方伯晏老夫子七律四首》。晏斯盛，字虞际，江西新余人。据《清史稿·列传》，晏是康熙进士，历官翰林院检讨、贵州学政、鸿胪少卿、安徽布政使、山东、湖北巡抚等职，"究心民事，屡陈救济民食诸疏"。大方伯是明清时对布政使的尊称。安徽布政使衙门设江宁，故称江南大方伯。在这四首上给清廷高级官吏的诗中，板桥是以积极干预时政的姿态出现的。如第三首结尾云："赤旱于今忧不细，披图何以绘流亡！"按《宋史》载自熙宁六年（1073）七月至熙宁七年三月大旱不雨，东北流民扶携塞道，羸瘠愁苦，身无完衣。"安上门小吏"郑侠一贯反对新法，于是借此机会，将旱灾归咎于新法，他命画工描绘灾民拴着铁链砍树、颠沛流离的《流民图》，找机会献给了神宗。神宗看后叹息不已，下了责躬诏，废除了方田、保甲、青苗等十八条新法。当然，从今天的观点看来，郑侠是站在大地主阶级的立场攻击进步的新法，然而，板桥用这个典故，是提醒晏斯盛，并希望晏能进谏皇帝，不要忘记江南嗷嗷待哺的饥民，表示了板桥急于加泽于民的襟怀。这种襟怀是那么急迫，以至第四首全诗向晏畅述了自己匡世救民的热望，"架上缥缃皆旧帙，枕中方略问新猷"，隐约地请求晏为自己吹嘘引荐。末二句云："手把干将浑未试，几回磨淬大江流"，跃跃欲试之情更是溢于言表了。

乾隆六年（1741）九月，郑板桥第三次进京。这次进京可能是奉吏部之召，也可能是自己去进行谋官活动。在北京，他结识了慎郡王，并受到特殊的礼遇。

慎郡王允禧，字谦斋，号紫琼道人，康熙皇子，乾隆皇帝的叔父。他与乾隆同年，当时只三十一岁。《清史稿·圣主诸子》谓："允禧诗清秀，尤工画，远希董源，近接文征明。"沈德潜《清诗别裁集》谓："（允禧）勤政之暇，礼贤下士。画宗元人，诗宗唐人，品近河间、东平，而多能游艺，又间、平所未闻也。"允禧很敬慕板桥，他作了一篇五百字的骈文，要易十六祖式、傅雯凯亭送给板桥，表示仰慕之意。板桥到慎郡王府后，允禧亲自操刀割肉，送到板桥席前，说："昔太白御手调羹，今板桥亲王割肉，先后之际，何多让焉！"与板桥来往数次，允禧将自己的《随猎诗草》《花间堂诗草》送请板桥指正并求作序。板桥读后，欣然撰跋。在跋中，板桥说允禧"胸中无一点富贵气，故下笔无一点尘埃气。专与山林隐逸、破屋寒儒争一篇一句一字之短，是其虚心善下处，即是其辣手不肯让人处"。

可能是由于慎郡王的斡旋，很快，板桥就被选授山东范县知县。行前，板桥特地写有《将之范县拜辞紫琼崖主人》：

> 红杏花开应教频，东风吹动马头尘。
>
> 阑干首药尝来少，琬琰诗篇捧去新。
>
> 莫以梁园留赋客，须教《七月》课豳民。
>
> 我朝开国于今烈，文武成康四圣人。

第一次明确地歌颂了清廷的统治者，允禧也作有《紫琼崖主人送板桥縻为范县令》：

> 万丈才华绣不如，铜章新拜五云书。
>
> 朝廷今得鸣琴牧，江汉应闲问字居。
>
> 四廓桃花春雨后，一缸竹叶夜凉初。
>
> 屋梁落月吟琼树，驿递诗筒莫遣疏。

允禧除了表示对朋友的依恋之情外，更主要的是勉励板桥报效朝廷。后来，板桥还写过《玉女摇仙佩·寄呈慎郡王》《画兰寄呈紫琼崖道人》《与紫琼崖主人书》等诗文，表示自己的眷念和知遇之感，并在《刘柳村册子》《板桥自叙》中都感激涕零地记载了慎郡王的礼遇。所以，我们认为板桥的出仕得力于慎郡王，是极其可能的。

就这样，五十岁的郑板桥怀着对"圣世"的幻想和对郡王恩遇的感激，怀着"安人""执法"、解民于倒悬的理想，踏上了仕途。

第七章　红桥酒影友朋欢

雪霁清境，于宁想此百但有蓬山

大江修竹亦本饰村源结後戍枝旅

脚志讽之遠近无廊然天真与武

陵舊遊未為楷僭芳也

今舟中無他事十搖如懸樞遠言人致佳

酒遂欲飲一杯醺些衍醉念賈豪士貧乏

言處其妻乃為他性石古本作每遠飲時

輒此許菴蓬子他人有吳興好事共結晒君月夜

酒三斛米三石俟君之世若使以與不尔苦不言美

荷葉取蓮子须沫丁長此付之心极棋郭沬

　　一个人的事业能够成功，抑或在学术、艺术、技艺上取得重大成就，除了时代和个人等因素外，总与师友分不开。诚如郭沫若在《历史人物》中说的，师友"是一种重要的社会关系，在一个人的成就上是一个极其重要的因数"。

　　在中国的历史上，具有旋风般浪漫气质的人物的朋友更多。北宋的乐天才子苏东坡就对弟弟子由说过："吾上可陪玉皇大帝，下可以陪卑田院乞儿。眼前见天下无一个不好人。"有趣的是，郑板桥也曾对堂弟郑墨说过："愚兄平生漫骂无礼，然人有一才一技之长，一行一言之美，未尝不啧啧称道。橐中数千金，随手散尽，爱人故也。"① 的确，虽然板桥常常"如灌夫使酒骂座，目无卿相"②，"然其为人内行醇谨，胸中具有泾渭"③。所以，他的朋友很多，其中郡王、官吏、诗人、画家、和尚、道士、平民各色人等都有。《板桥自序》曾不无自

①《淮安舟中寄舍弟墨》。

②桂馥《国朝隶品》。

③见《国朝耆献类征》。

负地说："结交天下通人名士虽不多，亦不少。"我们检阅《郑板桥集》，凡诗画相赠、书信往来而提及姓名者多达一百余人。关于板桥的老师陆种园，前面已谈了不少，就不赘述了；现择对其生平、事业起过较大影响者做些考索和介绍，以便于读者从师友这个"极其重要的因素"研究郑板桥的思想和艺术。

艺术上，与板桥来往密切的首推同属"扬州八怪"中的另外七人，即汪士慎、黄慎、金农、高翔、李鱓、李方膺、罗聘。他们与郑板桥是清代扬州画派的主流人物，除罗聘生卒年略迟外，都历经康熙、雍正、乾隆三期。他们八人中五个是布衣，三个是地方小官，所处的经济、政治地位相似，对时政和生活的态度也相似，又都精于书画，同声相应，同气相求，当然关系很亲密。他们常在一块儿喝酒游玩，谈诗论画，兴至则即席赋诗，随手挥毫，常常互相以书画赠答。其中，板桥与李鱓、金农、高翔的关系似乎更亲密一些。

李鱓，字宗扬，号复堂，又号懊道人、衣白山人、墨磨人、苦李、中洋化、木头老子、滕薛大夫等，与板桥是兴化小同乡，大约大板桥八九岁。李鱓衣着讲究，气度恢宏，一生际遇颇富传奇色彩。他是在资财丰厚、水田千亩的家境中长大的，少年时即受到良好的教育，加上资质颖慧，康熙五十年（1711）中了举人。后来在古北口献画，得到康熙皇帝赏识，任清宫内廷供奉，是一个宫廷画师。由于他性格洒脱放纵，不按规定的题材画画，后被清宫画院开除。不久，以检选出任山东滕县知县。因触犯权贵，乾隆五年（1740）罢官。回兴化后，修了一座"浮沤馆"，吟诗作画，并往来扬州卖画。约在乾隆二十七年（1762）卒于扬州。著有《浮沤馆集》①。

板桥视复堂是介乎师友之间的，因为无论从功名上说，还是从画事上说，李鱓成名都早得多。《板桥自叙》云："（与）同邑李鱓复堂相友善。复堂起家孝廉，以画事为内廷供奉。康熙朝，名噪京师及江淮湖海，无不望慕叹羡。是时板桥方应童子试，无所知名。后二十年，以诗词文字与之比并齐声。索画者，必曰复堂；索诗字文者，必曰板桥。且愧且幸，得与前贤埒也。"板桥对金农、汪士慎等虽也很推崇，但是还没有以"前贤"称之。

李鱓曾随著名的宫廷画师蒋廷锡学习花鸟，他继承了明代孙隆和清初恽南田用彩色作写意花卉的传统；后又从师高其佩，在泼墨及指墨中得法；又从家乡石涛、八大的破笔泼墨中受益，成就了"纯乎天趣"的"一辈高品"。板桥对李鱓的画是很佩服的。他在山东任上时，厌倦官场，想随李鱓画画。《署中示舍弟墨》云："李三复堂，笔精墨渺。予为兰竹，家数小小。亦有苦心，卅年探讨。速装我砚，速携我稿；卖画扬州，与李同老。"罢官后，他也确在浮沤馆旁建了一座"拥绿园"，与李鱓比邻而居。

然而，在佩服之余，板桥也能冷静地看到李鱓画的短处。他说："复堂之画凡三变……初入都一变，再入都一变，变而愈上……六十外又一变，则散漫颓唐，无复筋骨，老可悲也。"出于爱护的心情，他认为"世之爱复堂者，存其少作壮年笔，而焚其衰笔、赝笔，则复堂之真

---

①《郑板桥集·题画·兰竹石》云："今年七十，兰竹益进，惜复堂不再，不复有商量画事之人也。"板桥七十岁时为乾隆二十七年，李鱓殁年自不会在此之后。

精神、真面目千古常新矣！"①

　　李鱓对板桥的评价虽没有留下文字材料，但《板桥集·题画》云："复堂李鱓，老画师也。为蒋南沙、高铁岭弟子，花卉翎羽虫鱼皆绝妙，尤工兰竹，然燮画兰竹绝不与之同道，复堂喜曰：'是能自立门户者'。"可知郑、李之间是相亲相敬的。

　　板桥与李鱓相识很早，交谊甚厚。今天我们能见到的关于李鱓身世的一些文字，大都来自板桥的诗文和题画。板桥集中给复堂的赠诗有五首之多。由于他们的一生坎坷颇为相似，所以，板桥往往能写出李鱓的真精神与真面目。如：

　　　　两革科名一贬官，萧萧华发镜中寒。回头痛哭仁皇帝，长把灵和柳色看。

　　　　　　　　　　　　　　　　　　　　　　　　　　（《李鱓》）

　　　　……萧萧匹马离都市，锦衣江上寻歌妓。声色荒淫二十年，丹青纵横三千里。……

　　　　　　　　　　　　　　　　　　　　　　　　（《饮李复堂宅赋赠》）

　　《冬夜喜复堂至》更记载了两人彻夜长谈的情谊："我夜凝寒酒一卮，灯前重与说相思。可怜薄醉微吟后，已是沉沉漏尽时。"老友重逢，说不尽的相思，一席未终，已是漏尽了，就是给李鱓的题画中也洋溢着对朋友品艺的敬慕和自己一往情深的思念：

————————
　　①李鱓《花卉册》后郑燮跋语。

篱菊花开艳，经霜色更红。

不畏西风恶，巍然独自雄。

（《题复堂绘红菊》，见李涤尘辑《郑板桥集外吟》）

今日画石三幅，……一幅寄江南李鱓复堂氏，三人者予石友
也。昔人谓石可转而心不可转，试问画中之石，尚可转乎？千里寄
画，吾之心与石俱往矣！

（《题画》）

这些文字声情摇曳，高情厚谊透于纸背，是不可多得的题画小品。

李鱓死后，板桥很悲痛，他在题画中也慨叹没有人能一起商量画事
了，大有高山流水、知音难得之感。

在书画同人中，板桥除了与李鱓是同乡、紧邻，关系非常密切外，
论交谊之深，则莫过于金农了。金农，字寿门，号冬心，浙江杭州人，
生于康熙二十六年（1687），卒于乾隆二十八年（1763）。别号特多，
有稽留山民、曲江外史、昔耶居士、龙梭仙客、百二砚田富翁、心出家
庵粥饭僧、苏伐罗吉苏伐罗等二十几个。有《金冬心集》传世。金农嗜
金石，精鉴赏，工诗，又从何义门读书，学问很好。五十岁才学画，一
出手便非同凡响。乾隆元年（1736）荐举博学鸿词，金农坚决不就，以
布衣终老。所以称他"百年大布衣，三朝老名士。疏髯雪萧萧，生气长
不死"。他的品行是高出一时的。他的个性也很突出。蒋宝龄《墨林今
话》卷二云："冬心性情逋峭，世多以迂怪目之。"金农养了一只乌
龟，只有铜钱大小，龟甲上绿毛斑斓，就像一枚古铜钱。金农很宝爱这

只小龟。他还喂了一条洋狗，叫阿鹊，每天，金农总弄点肉食喂它。后来阿鹊死了，金农还写了悼诗，哭得很伤心。其实，这些怪癖都是他愤世嫉俗的表现。

板桥与金农相交，时在中进士以前，亦即"十载扬州作画师"期间。金农在《冬心画竹题记》中曾满怀深情地回忆起从前和板桥流连维扬，亲密无间，好像水鸥和鹭鸶一样形影不离。他自认为属于板桥同一流派，而又承认自己的画品比板桥稍逊，其《冬心先生杂画题记》云：

> 吾友兴化郑板桥进士，擅写疏篁瘦篠，颇得萧爽之趣。予间写此，亦其流派也。设有人相较吾两人画品，终逊其有林下风度耳！

这种谦虚的态度是很可贵的。

板桥对金农也极为敬佩，他在诗文中屡有提及：

> 扬州汪士慎，字近人，妙写竹，曾作两枝，并瘦石一块，索杭州金农寿门题咏。金振笔而书二十八字，其后十四字云："清瘦两竿如削玉，首阳山下立夷齐。"自古今题竹以来，从未有用孤竹君事者，盖自寿门始。寿门愈不得志，诗愈奇，人亦何必汩富贵以自取陋？
>
> （《题画竹》）

> 乱发团成字，深山凿出诗。不须论骨髓，谁得学其皮？
>
> （《赠金农》）

对金农的人品和艺术都极为推崇。据《冬心自写真题记》说，有一次金农病了，其时板桥在潍县做县令，听到金农去世的谣传，就披麻戴孝，设位而祭。后来有人从江苏到山东来，告诉板桥金农没有死，板桥才破涕而笑，千里致书慰问。足见郑、金二人交谊之深。

在艺术追求上，板桥和金农都是志在创新的，他们互相切磋，互相受到启发。如在书法艺术上，金农从隶书入手，古朴奇拙，号称"漆书"；板桥则以隶、楷、行、草四体相参，加入兰竹笔意，自成一家，创"乱石铺街"的"六分半书"。驰骋书坛，各有千秋。近代康有为说："乾隆之世，已厌旧学，冬心板桥，参用隶笔，然失之怪。"杨守敬说："板桥行楷，冬心分隶，皆不受前人束缚，自辟蹊径。"①康、杨评论虽褒贬不同，但都看出了郑、金同是以"怪"体反对旧俗。我们完全有理由推测，郑、金交游时，对于书艺如何创新是交流了看法的。《郑板桥集》中有几首《与金农书》，讨论诗词艺事、文物鉴定，有些话，只有他们之间才会说出来。兹将其中一首移录于次：

　　赐示《七夕诗》，可谓词严义正，脱尽前人窠臼，不似唐人作为一派亵狎语也。夫织女乃衣之源，牵牛乃食之本，在天星为最贵，奈何作此不经之说乎！如作者云云，真能助我张目者，惜世人从未道及，殊可叹也，我辈读书怀古，岂容随声附和乎！世俗少见多怪，闻言不信，通病也。

　　作札奉寄，慎勿轻以示人。

（《天咫偶闻》卷六）

①康、杨语见《松轩随笔》。

从这封信中，完全可以看出郑、金二人在思想上的一致和关系上的亲密。其中讨论的问题，蕴含着可贵的民生思想，已不完全是诗文艺事了。

除画家外，板桥还和当时的文士多有接触，其中与袁枚的交往颇富传奇色彩。袁枚（1716—1797），字子才，号简斋，浙江杭州人。乾隆进士，曾任江宁等地知县。辞官后侨居江宁，筑园林于小仓山，号随园。有《小仓山房集》《随园诗话》和笔记小说《子不语》等。板桥长袁二十三岁，先袁三十二年卒。和与李鱓、金农的朝夕相处不同，郑、袁是神交已久而相见甚晚，交谊深长而聚日甚短。

《随园诗话》卷九云："兴化郑板桥作宰山东，与余从未识面，有误传余死者，板桥大哭，以足踏地。余闻而感焉。"此事《清史列传·郑燮传》也有记载。可见他们未谋面时，已互相慕名并产生了深厚的友谊。乾隆二十八年（1763）清明，卢见曾召板桥及诸名士泛舟虹桥，席间袁枚与板桥相晤。板桥赠袁一联云："室藏美妇邻夸艳，君有奇才我不贫。"袁有诗《投郑板桥明府》云：

> 郑虔三绝闻名久，相见邗江意倍欢。
> 遇晚共怜双鬓短，才难不觉九州宽。
> 红桥酒影风灯乱，山左官声竹马寒。
> 底事误传坡老死，费君老泪竟虚弹。

郑、袁过从只此一回，是时板桥七十一岁，袁枚四十八岁。从这段翰墨因缘看，两人是互敬互慕的。这里附带说明一个误解。有些人认为郑板桥谩骂过袁枚，他们的根据是舒坤批《随园诗话》："此等诗话直是富贵人家作犬马耳。……所以郑板桥、赵云松斥袁子才为斯文走狗，作记骂之，不谬也。"我以为，"走狗"其实不是骂。这一点袁枚自己也明白。《随园诗话》卷六云："郑板桥爱徐青藤诗，尝刻一印云：'徐青藤门下走狗郑燮'。童二树亦重青藤，题青藤小像云：'抵死目中无七子，岂知身后得中郎。'又曰：'尚有一灯传郑燮，甘心走狗列门墙。'"板桥自称"走狗"，当然不会是自骂。他称袁枚为"斯文走狗"，引为同类，只不过表示他们关系的亲密而已。

板桥大半辈子从事科举考试，又做了十年县令，所以和他交往的除了画师文士外，官场中也不乏知己，其中又以与慎郡王允禧和卢见曾最为亲密，慎郡王在前面已经详细介绍，这里就不赘述了。卢见曾，字抱孙，号雅雨，山东德州人，康熙进士，两度为盐运使，著有《山塞集》，刻有《雅雨堂丛书》。卢形貌矮瘦，人称"矮卢"。性度高廓，不拘小节。能诗善画，喜欢接纳文士。乾隆元年，卢见曾为淮南盐运使，其时板桥正在扬州，常在卢见曾席上谈诗论文，甚为相得。两年后，卢以微嫌被劾，板桥作《送都转运卢公》七律四首赠之。诗中写道："扬州自古风流地，惟有当官不自怡。"为卢的去职而庆幸："一从吏议三年谪，得赋淮南百首诗。"可见与卢以风雅互许，关系很亲密。第四首云"吹嘘更不劳前辈，从此江南一梗顽"，表示自己对功名绝望。板桥在乾隆元年成为进士，经过三年多的求官活动，一无所得，感到非常恼火。不过，这种情绪与卢的去职联系在一起，使人推测到卢曾为板桥吹嘘游扬。乾隆二十年（1755），卢见曾再次出任两淮盐运使，（乾隆）二十二年（1757），发起和主持虹桥修禊。其时板桥亦已罢官，与金农等参与盛会，有《和雅雨山人红桥修禊》《再和卢雅雨四首》《和卢雅雨红桥泛舟》等诗作。

　　郑板桥的交游范围除了诗画同人和官场朋友外，还有些人在经济、生活上给了他很大的帮助。因为是接受援助，所以板桥形诸文字，往往语焉不详。以下根据零星材料钩稽，借以了解板桥的生活道路。

　　首先要提到的是汪芳藻。荣宝斋收藏《板桥先生行吟图》上周榘题跋云："汪邑宰芳藻，余之旧识也。曾于除夕见板桥诗即大赠金，而至其成进士，邑中之美谈也。近闻取公之诗词板刷书作归遗计，同贩夫矣，可发一哂。"[1] 按所云"板桥诗"即《除夕前一日上中尊汪夫子》：

> 琐事贫家日万端，破裘虽补不禁寒。
>
> 瓶中白水供先祀，窗外梅花当早餐。
>
> 结网纵勤河又泾，卖书无主岁偏阑。
>
> 明年又值抢才会，愿向秋风借羽翰。

　　第四章已叙述，雍正九年（1731）冬，板桥陷入贫困的绝境。但为了能参加明年的乡试，他向汪县令求赴考盘川（方言，即"盘缠"）。《行吟图》上的题跋恰恰为《板桥集》中这首没头没脑的七言诗作了注脚。

　　按《兴化县志·宦绩》记载，汪芳藻，字蓉洲，休宁贡生。雍正九年由教习知县事。此人学问很好，当了三年兴化县令，有政声，人民很爱戴他，工诗及骈体文，著有《仰止吟》《春晖楼四六》。周榘题跋云"大赠金"，则数目一定不小。"而至其成进士"，则以后一定还屡屡接济。板桥第一次卖画扬州，生意并不好，中举后更忙于准备应廷试，

---

[1] 图见于上海古籍出版社增订本《郑板桥集》。

在这种境况下，家计尚能维持，以往一直使人不解，这段文字恰好作了说明。《除夕前一日上中尊汪夫子》作于雍正九年，第二年板桥则考中举人，没有辜负汪的期望。反之，如果当初没有汪芳藻的识拔英才，板桥的生活道路将回旋在穷巷绳枢之中，是难以成长为艺术大师的。

继汪芳藻以后，对板桥有过大帮助的当推程羽宸。程羽宸因慕板桥之才，以千金为酬，促成板桥与饶五娘的美满姻缘，前文已经叙及，这里对程羽宸其人简要介绍一下。

据《南昌府志》云："程之（子）乔字羽宸，歙县人，客南昌，以诗名一时。游遍大江南北及楚越东鲁，登眺不倦，尤爱黄山，发布为诗，多感慨之作。著有《练江诗钞》行世。"可知程羽宸是一位好游览广交游的豪客。从《扬州杂记卷》知，板桥于雍正十三年（1735）识饶氏，与程羽宸订交是乾隆二年（1737），其时程已六十余岁。以后两人交谊愈深。板桥《题程羽宸黄山诗卷》云："昔我未追逐，今我实慨慷"；"当复邀同游，为君负笭箵"，表示了想与程一起游历名山的愿望。后来，板桥在山东任上，作有《怀程羽宸》绝句二首，序云："余江湖落拓数十年，惟程三子乔奉千金为寿，一洗穷愁。羽宸是其表字。"诗云：

> 世人开口易千金，毕竟千金结客心。
> 自遇西江程子骏，扫开寒雾到如今。
> 十载音书迥不通，蓼花洲上有西风。
> 传来似有非常信，几夜酸辛屡梦公。

序中"奉千金为寿"，即前引《扬州杂记卷》中所云"以五百金为板桥聘资授饶氏"，"复以五百金为板桥纳妇之费"。第一首痛快淋漓，感激之情溢于言表。第二首似乎听到程谢世的凶问。其时程已七十余岁，谢世是完全可能的。

板桥的友人，还有马曰琯不可不提。马曰琯，字秋玉，号嶰谷，清康熙二十七年（1688）生，乾隆二十年（1755）卒，安徽祁门人，与弟曰璐在扬州经营盐业，积资巨万，时称二马。难得的是，马曰琯虽极富有，但不似一般富商那样醉生梦死，奢侈无度，而是将大量的资财投入文化教育事业，救助寒士。马家藏书百橱，积十余万卷，《清史列传·儒林传》谓其"藏书甲大江南北"。乾隆三十七年（1772）开馆编纂《四库全书》，征藏书家秘本，马氏被采的有七百七十六种之多。马氏不但倾重金购书藏书，而且慷慨对外借书。卢见曾、江宾谷、罗聘等都常向他借阅图书。他建有别墅数处，极林泉之盛。郑板桥、金冬心、高西康等经常在那里赋诗作画。板桥就紧邻马氏行庵长住过。《为马秋玉画扇》云："缩写修篁小扇中，一般落落有清风。墙东便是行庵竹，长向君家学画工。"自注云："时余客枝上村，隔壁即马氏行庵也。"这首题画诗，说马氏行庵千姿百态的新篁是学画的造化之师；而林园之幽美，主人之爱客，则不言而喻了。

第八章　山左官声竹马寒

一、范县任上

布袜青鞋为长吏，白榆文杏种春城。

——《范县呈姚太守》

　　范县，清时属山东曹州府管辖（今属河南省），兼署小县朝城。"西风漳邺水，旭日鲁邹天"[①]，是地近古代邹鲁的一个朴实宁静的地方。

　　乾隆七年（1742）春，郑板桥骑着毛驴，带着年轻貌美的饶氏夫人和书童，几箱书，一张琴，一捆行李，来到范县上任。板桥做官，主要是企图"立功天地，字养生民"[②]，所以他力革敝政，给这个闭塞的小县带来了一股清新之气。据曾衍《小豆棚杂记》云："（板桥）莅任之初，署中墙壁悉令人挖孔十百，以通于街。人问之，曰：'出前官恶习

---

①《登范县东城楼》。

②《潍县署中与舍弟第五书》。

俗气耳。'"这个传说虽不可靠，但亦可能。它表示了板桥初任时破旧立新的决心。

郑板桥出身寒素，矢志苦读，熬到五十岁才得到七品县令。他既痛恨那些不问民瘼的官吏（这之前他写过《悍吏》等诗作，抨击过贪官暴吏），也深恐自己不了解民情，做出对不起老百姓的事。诚如《范县》诗所云：

> 四五十家负郭民，落花厅事净无尘。
> 苦蒿菜把邻僧送，秃袖鹑衣小吏贫。
> 尚有隐幽难尽烛，何曾顽梗竟能驯？
> 县门一尺情犹隔，况是君门隔紫宸。

作者深为民间的隐情、冤屈难以明察而不安，末尾两句是说县衙与百姓相距很近，尚且不能体察民情，何况皇宫远在紫宸云上呢？由自己不能完全了解老百姓而推而远之到皇帝，很大胆地对官场黑暗表示了不满。

"隔"会歪曲真相，颠倒善恶。有不少人就是为了私利在竭力维护、营造这个"隔"。板桥看到了这一点，他决心深入民间，探求人民疾苦，革除流弊。他在范县时经常到农村去，询问桑麻农事，了解下情："布袜青鞋为长吏，白榆文杏种春城。几回大府来相问，陇上闲眠看耦耕。"① 他曾沿大河巡视范县东北的平阴道和西北的邯郸道，有《平阳道上》《邯郸道上二首》记其行，记叙了范县那种"云随马足，风送牛声。渔者以渔，耕者以耕"的淳朴民情。

---

① 《范县呈姚太守》。

按照当时的规矩，县令出门要坐轿子，仪仗要"排衙喝道"。就是前面敲锣吆喝，后面水火棍、回避牌张旗护卫，鸡飞狗跳，八面威风。但板桥除迎接上司外很少坐轿，甚至连每天的排衙站班也觉得受不了。他写过一首《喝道》诗：

> 喝道排衙懒不禁，芒鞋问俗入林深。
> 一杯白水荒涂进，惭愧村愚百姓心。

给合戴延年《秋灯丛话》所云："（板桥）遇夜出，惟令两役执灯前导，亦不署衔，自书'板桥'二字"等一些记载，可知板桥确实是"芒鞋问俗"的。板桥能把眼光投向世俗社会，行动上与正统的官僚大相径庭，正统的封建等级观念已被原始的民主思想冲开了一些缺口。

淳朴的乡风、艰难的农事、幽隐的民情给郑板桥带来了一些新的观感，他的思想较以前深化了。我们从他的诗文，亦即他当时的感受的痕迹来看，他的思想有以下几点突出之处：

首先是表现出明显的重农思想。板桥老家在兴化东门外，族人多靠作田捞虾度日，他原本就同情农民，加之在范县任上"芒鞋问俗"，深入了农民春耕夏耘秋获冬藏的生活，观察了他们栽枣种梨、植桑养蚕、放鸭养鹅、男婚女嫁、应差服役等各个生活侧面，终于清醒地认识到农民的作用。《范县诗》就以饱含生活情趣的笔触描写了农村的景色，如其一；

> 十亩种枣，五亩种梨；胡桃频婆，沙果柿楠。

春花淡寂，秋实离离；十月霜红，劲果垂枝。

争荣谢拙，韫采于斯；消烦解渴，拯疾疗饥。

这是多么令人欣喜的散发着泥土芳香的色彩缤纷的形象啊！形象的感受受支配于理性的认识。板桥在给郑墨的信中说："我想天地间第一等人，只有农夫，而士为四民之末。农夫上者种地百亩，其次七八十亩，其次五六十亩，皆苦其身，勤其力，耕种收获，以养天下之人。使天下无农夫，举世皆饿死矣。"他甚至从星象学上也找出支持自己理论的根据来："尝笑唐人《七夕》诗，咏牛郎织女，皆作会别可怜之语，殊失命名本旨。织女，衣之源也；牵牛，食之本也。在天星为最贵。天顾重之，而人反不重乎！其务本勤民，呈象昭昭可鉴矣。"他还谈到工商的作用，说："工人制器利用，贾人搬有运无，皆有便民之处。而士独于民大不便，无怪乎居四民之末也！"与对农民的评价相反，板桥严厉抨击了有些知识分子"一捧书本，便想中举、中进士、做官，如何攫取金钱，造大房屋，置多田产。起手便错走了路头，后来越做越坏，总没有个好结果。其不能发达者，乡里作恶，小头锐面，更不可当"。板桥不仅思想上重农，而且行动上也注意维护农民的利益。他曾写信告诉在兴化主持家计的堂弟郑墨，如果人家赎回了原有的典产田后，我们弟兄就买二百亩田，不可再多。"若再求多，便是占人产业，莫大罪过。天下无田无业者多矣，我独何人，贪求无厌，穷民将何所措足乎？"①写这封信的乾隆年间，封建地主阶级，包括皇帝、贵族、地主和大商人，在全国各地疯狂地掠夺土地，土地兼并在急剧地进行。这样掠夺、

①以上均见《范县署中寄舍弟墨第四书》。

雪霽情境發天夢想此當有嵩山
大江修竹古木飲村酒醉後曳杖放
腳志诗之遠近亦廓然天真与武
陵舊遊未易議優劣也
今日冊中多他事十搖如懸槌遇有人致佳
酒逐獄飲一杯酥此行醉念賈霧士食也
妄恣其意乃爲此性石古木多飢時
軌此其首逢此地人爲吳興爲好事共結及君月致
酒三斗朱三斤君□世若便以與人不尔苦乃之菱
荷葉取学頃沬丁長以付之六

板橋鄭燮

拉摘 | 墨梅

其述形似，剔肓張吏部云奔蛇
走虺勢入座，驟雨旋風聲滿坐王
公邕云寒轂輕烟澹古松又似山開
萬仞竇御史翼云寒猿飲水
撼枯藤壯士拔山伸勁鐵
曉樓索學先先
校樁鄭燮
峰為

板桥 草书节临《自叙帖》

少日飛騰頭頗穎富心三加桑
云如鬢毛轉眼六旬稍富貴非吾霅溪此
事無一可向人誇富也輸他望色輸他心
修清福讓炙家貧也好梅花各一剪梅

鄭燮

板橋　行书《一剪梅》

竹外桃花三兩枝
春江水暖鴨先知
蒌蒿滿地蘆芽短
正是河豚欲上時

民祿年長兄　板橋鄭燮

今日舟中無他事十指如懸錘遣書人

致佳酒遂獻欲一楪蘘蒸徑挦念蜜蒞士歡

要言以懸至字國之匹慨石古木一帘每道幾時

輒以平看盡紙絕人去笑無了好事此弘當果月

置坐三斟米三后俗采之半俟以峽之止釆之令

是此省小菜收掌頃濃丁長不付之少昔人以海黛

為徑而石兰有令人小簡為塔亦小咏之昔也

乳陰康年准知署中板据原吉鄭煥卿

鬼怪写鬷细黠老奸信乎家有异

材邪嘿首妙意以鲁直意微藏之

凡人为字务使平稳至足不溢为奇作盖

出乎料之百个鬼为奇怪似善子肤不可直

云云非谓其诗如恐徐其意徒之气岂无阿丽

文谐磨之语不识公谓然否

乾隆戊寅孟夏板桥道人郑燮

板桥 行书东坡尺牍

其述形似則張禮部云奔蛇走虺勢入座屩
雨放風聲靁滿堂王遠將軍云劲鐵輕煙淡古松
又似山宗萬仞峰朱巍士瑤云筆下唯看激電流
寧戚大畏艨艟龍走李御史舟云寒猿飲
而械枯藤壯士拔山伸劲鐵吳興錢起云畫裏真
錫玉佩孤雲寒李空師寸輕去界畫
如乾隆五年之樾月書為
宅東一學長兄正　板橋鄭燮

茶香酒熟田千畝，雲白山青水一灣，此是老天真乐处，好叫儿辈顿慕年荣共白鸥闲

板橋鄭燮

我有万古宅
嵩阳玉女峰
长留一片月
挂在东溪松
爾來掇樊圃
菖蒲花紫茸
岁晚或相訪
青天騎白龍

記
孔隆丁卯夏六月
板橋鄭燮書

松排山面千重翠月點波心一顆珠　板橋

雲駛月暈舟行岸移　板橋書

定冊帷幕肴安土爨之勳　板橋

松菴竹罨山莊墨
池波暖梅花笑蕊
古苔光繞筆牀
歲寒三友畫
復堂老人畫
板橋鄭燮題

而得冰霜待得春余
纏念瘦念精神挽回
便限貞元運付與桃墅
豔冶人寫与松竹与
梅萼一種清光墨點
賒欲染胭脂秋嫁綠
怡侭眾是古月霞胡

趋迓夏雨聲中入

春在寒梅蕊上尋

板橋鄭燮

兼并的结果，促使大量农民失去自己的一小块耕地，沦为贵族、地主的佃农。乾隆十三年（1748），官吏杨锡绂上书揭露了当时土地掠夺的情况："近日田之归富户者，大抵十之五六，旧日有田之人，今俱为佃耕之户。"[①] 而成为佃户的农民，要将收获的四五成、六七成甚至八成以上的粮食，奉献给地主、贵族或皇室，其命运是很悲惨的。联系这样的时代背景，板桥这封家书所反映的认识是很难能可贵的。后来，在潍县任上时，他还写信要儿子"学稼学圃"，要家中妇女"习春榆踩簸之事"[②]，都表现了明显的重农思想。

其次是板桥逐步形成了"清静无为"的吏治思想。清静无为原是道家的哲学思想。老子认为宇宙万物的根源是"道"，而"道"是"无为"而"自然"的，人效法"道"，也应以"无为"为主。他说："道常无为而无不为，侯王若能守之，万物将自化。"后来黄老之说与刑名法术之学结合，就成了封建君主统治人民的方法之一。儒家也讲"无为而治"。如《论语·卫灵公》："无为而治者，其舜也与！夫何为哉，恭己正南面而已矣。"朱熹《集注》："圣人德盛而民化，不待其有所作为也。"应该承认，历史上统治者采用"无为"治术，即"与民休息"的政策，对稳定社会秩序和发展生产还是起了一定的作用的。通过深入民间，板桥觉得只要没有官吏骚扰，老百姓是会安居乐业的。他在《范县诗》中写道：

　　　　驴骡马牛羊，汇费斯为集。或用二五八，或以一四七。长吏出

①《清名臣奏议》卷四十四。

②见《郑板桥家书》。

收租，借问民苦疾。老人不识官，扶杖拜且泣。官差分所应，吏扰
竟何极；最畏朱标签，请君慎点笔。贪者三其租，廉者五其息。即
此悟官箴，恬退亦多得。

显然，这是一篇纪实之作。诗中的"长吏"，就是作者自己。乡
村用日中为市之例，逢期市集。板桥厕身其间，探询民间疾苦，得到
了"恬退"的"官箴"。这样的思想，他在书画作品中也明显地流露出
来，请看下引一则题画：

今日画石三幅，一幅寄胶州高凤翰西园氏，一幅寄燕京图清格
牧山氏，一幅寄江南李鱓复堂氏。三人者，予石友也。昔人谓石可
转而心不可转，试问画中之石尚可转乎？千里寄画，吾之心与石俱
往矣。是日在朝城县，画毕尚有余墨，遂涂于县壁，作卧石一块。
朝城讼简刑轻，有卧而理之之妙，故写此以示意。三君子闻之，亦
知吾为吏之乐不苦也。

题中的朝城是归范县兼管的小邑。题画中除了充满对朋友的一片深情
外，还充满了作为主事的官吏对辖地"讼简刑轻""卧而理之"的满足。

在这段时期，板桥"日高犹卧，夜户长开"，生活确实很平静愉
快。他写有《破屋》一诗，抓住很多细小平易的事物，烘托出"尚简
易"的主题：

廧破墙仍缺，邻鸡喔喔来。

庭花开扁豆，门子卧秋苔。

画鼓斜阳冷，虚廊落叶回。

扫阶缘宴客，翻惹燕鸦猜。

因为没有吆喝开衙，所以听得见鸡啼喔喔；因为没有人来，所以庭中长满了苔藓；因为门不常开，所以看门人也就乐得安闲。公堂的鼓冷清地摆在斜阳中，而空无一人的走廊上落叶飘回有声。这是何等令人深思的宁静啊！符保森《寄心庵诗话》谓板桥做县令时"见身说法，民皆安堵息讼。尝于公庭步月，作诗写画，六房如水，吏去无人，真循吏中仅见也"，就是指的这种境界。

但是黑暗的官场现实打碎了郑板桥"无为而治"的梦幻。初到山东赴任时，妻子郭氏就对他说过："一代做官七代贫。"[①]他在范县任期的后段，已开始有辞官的思想了，只是因为巡抚待他很好，"士为知己者死"的知遇观念使他留在任上。他给郑墨的信表明了这种心情："人皆以做官为乐，我今反以做官为苦。既不敢贪赃枉法，积造孽钱以害子孙，则每年廉奉所入，甚属寥寥。苟不入仕途，鬻书卖画，收入较多于廉俸数倍，早知今日，悔不当初。现拟告病辞职，得邀见准，如天之福。惟余每因事晋谒中丞，必蒙青眼相加，并见赏我之墨竹，谓为得文湖州真髓。凡遇上辕门，必邀余至内花厅留膳。余受宠若惊，不敢放浪。"中丞笑语云："下属无留膳之例；此时吾与尔叙私与，不必目我为上司而兢小心也。既逢此知遇，只恐一时未必许我解组归田，奈何奈何！"[②]正当板桥"进又无能退又难，宦途局蹐不堪看"之际，乾隆十年

---

①②见《郑板桥家书》。

（1745）冬，他接到了调署潍县的命令。

在范县任职期间，板桥于乾隆七年（1742）订定了诗、词集，并手写付梓。乾隆八年（1743）更订了《道情十首》。三集都是板桥自己用六分半书钞录，由门人司徒文膏刻版。这是板桥诗文创作达到高峰的时期。

在范县任期内，郑墨还特地从兴化来看望板桥。板桥将几年来积蓄的俸银交弟弟带回家去，要他在同宗叔侄中"挨家比户，逐一散给"。尤其对"无父无母孤儿"，"宜访求而慰问之"，"务在金尽而止"。此外，板桥的祖辈扬州福国和尚、云南秀才陈坤、杭州余省三等人都曾到范县看望过板桥，板桥都有诗赠行。

二、潍县任上

> 衙斋卧听萧萧竹，疑是民间疾苦声。些小吾曹州县吏，一枝一叶总关情。

> ——《潍县署中画竹呈年伯包大中丞括》

乾隆十一年（1746），五十四岁的郑板桥从范县调任潍县县令。潍县是个富庶的大县，所以，他的调任是令人艳羡的"荣调"。也许是为了使初生的男孩能得到适当的照顾，他将饶氏和孩子送回了兴化。

潍县（今称潍坊市）属山东莱州府，地处齐鲁腹地，北濒渤海，南临沂蒙山脉，白浪河穿城而过，将县城分为两城。河东为东关，城墙是土质的；河西就是板桥《修城记》所叙的石城墙的城里。城里是潍县繁华的市集。那里盐商义集，财势炙手可热；土布业和屠宰业也是远近闻名，它们是构成潍县这个繁华世界的主要支柱。四通八达的车路连接着胶州、济南、苏州、蓟中……贸易又给潍县带来了更大的奢靡繁华和更昌盛的文化。

置身在这种畸形繁华的环境中，在处理政务之余，板桥冷静地观察着现况，忧虑着潜伏的危机。从宰潍后的第二年到去官离潍前夕，他陆续写成《潍县竹枝词》四十首，记录了自己的所见所感。

《竹枝词》本乐府曲名，作为一种七言绝句形式组合的歌词则是唐代诗人刘禹锡的首创。后来的诗人都喜欢用来歌咏乡土风俗和男女恋情，明清诗人写《竹枝词》风气尤盛。板桥主张《竹枝词》应该充满战斗性，所谓"挟荆轲之匕首，血濡缕而皆亡；燃温峤之灵犀，怪无微而不照。招尤惹谤，割舌奚辞；识曲怜才，焚香恨晚"。这一宗旨在《潍县竹枝词》中得到了充分的体现。这四十首竹枝词用清新质朴的语言、深刻的揭露、鲜明的对比、隐括的讽谕，全面地再现了当时潍县的社会世相，呈现出富豪行乐、流民颠沛、理想桃源等三个图画长卷。

板桥通过潍县上层社会狎邪纵乐的表面繁华现象，勾勒了富豪们穷奢极欲的靡烂生活，字里行间充满了憎恶和讥刺：

三更灯火不曾收，玉脍金齑满市楼。云外清歌花外笛，潍州原是小苏州。（其一）

斗鸡走狗自年年，只爱风流不爱钱。博进已赊三十万，青楼犹

伴美人眠。（其二）

　　四面山光树木深，良田美产贵千金。呼卢一夜烧红蜡，割尽膏腴不挂心。（其四）

　　豪家风气好栽花，洋菊洋桃信口夸。昨夜胶州新送到，一盆红艳宝珠茶。（其五）

　　大鱼买去送财东，巨口银鳞晓市空。更有诸城来美味，西施舌进玉盘中。（其六）

与此对比，《潍县竹枝词》以十二首篇章，描述了板桥目睹由于贫富不均而出现的不合理现象，和由于连年饥荒所造成的悲惨图画。这是《潍县竹枝词》的精华，其中如：

　　绕郭良田万顷赊，大都归并富豪家。可怜北海穷荒地，半篓盐挑又被拿。（其二十四）

　　二十条枪十口刀，杀人白昼共称豪。汝曹躯命原拼得，父母妻儿惨泣号。（其二十六）

　　东家贫儿西家仆，西家歌舞东家哭。骨肉分离只一墙，听他答骂由他辱。（其二十九）

征发钱粮只恨迟，茅檐蔀屋又堪悲。扫来草种三升半，欲纳官租卖与谁？（其三十四）

泪眼今生永不干，清明节候麦风寒。老亲死在辽阳地，白骨何曾负得还。（其三十八）

作者的情绪达到了高潮。这里有抨击，有揭露，有同情，更可贵的是反映了铤而走险的饥民的反抗。虽然由于阶级和时代的局限，板桥不可能完全透过现象，明确地认识到造成灾荒的本质原因，而是将希望寄托在天公和帝王身上；但是，能涉及这些社会问题，并且明确地表达自己的爱憎，这在当时真是要有"割舌奚辞"的勇气的。

此外，《潍县竹枝词》中还有一组幻想幸福生活，描写美丽风物和歌颂淳厚民情的诗歌，宛如一幅闪耀着理想光环的世外桃源图。如其十："水流曲曲树重重，树里春山一两峰。茅屋深藏人不见，数声鸡犬夕阳中。"其十六："秋风荻苇路湾环，钓叟潜藏乱草间。忽漫鹭鸶惊起去，一痕青雪上西山。"对潍县风物一往情深。这种太太平平的世外桃源当然不可能存在，所谓"留取三分淳厚意，与君携手入陶唐""老夫欲种菩提树，十里春风满化城"只不过是这位廉洁奉公的官吏善良、天真的向往罢了。

潍县对于郑板桥一生的影响仅次于扬州。他宰潍七年，无论是在吏治或诗文书画方面都达到了新的高峰。郑板桥在潍县所刻诗，有一首题为《署中无纸书状尾数十与佛上人》云："闲书状尾与山僧，乱纸荒麻叠几层。最爱一窗晴日照，老夫衙署冷于冰。"可知他仍如宰范一样，实行"无为而治""卧而理之"。然而，较之范县，他的潍县之治有下面三个突出之处：

其一是救灾。潍县虽然是素称富庶的甲邑，但在板桥莅任的前后几年却是多灾多难。据《潍县志稿》载："乾隆十年乙丑，疫。秋七月十九日，海水溢。""十二年丁卯春，大饥。自十一年八月不雨，至是年夏五月十八日始雨，连阴两月，无禾。""十三年戊辰春，大蝗疫水饥。"在板桥调职潍县的前一年，灾荒便揭开了序幕。第二年，又发生了百年未遇的大旱，赤地千里，寸草不生，最后出现了"人相食"的惨状。郑板桥目睹灾情，忧心如焚，一方面连连向上司报告，请求救济；另一方面决定立即开仓赈灾。按清朝规定，开仓赈灾必须得到上级的批准后才可实行。有人婉转地阻止他开仓，认为何必为贫民得罪上司。但是，板桥想到挣扎在死亡线上的灾民，激动地说："此何时！俟辗转申报，民无孑遗矣。有谴我任之！"他拨出一批谷子，叫百姓写借条来领，救活了上万人。

连续几年，饥馑和苦旱折磨着潍县人民，灾民剧增，粮价暴涨。身为潍县县令的郑板桥是非常痛苦不安的。他在《潍县署中画竹呈年伯包大中丞括》中写道：

衙斋卧听萧萧竹，疑是民间疾苦声。

些小吾曹州县吏，一枝一叶总关情。

由卧听竹林风声，联想到百姓的呻吟，而感觉眼前的一枝一叶，也如同苦难中的人民一样，与人民"痛痒相关"的情怀溢于言表。板桥还刻了一方印章："恨不得填漫了普天饥债"。

为了应付潍县的危机和救活更多的饥民，他采取一系列果决的措施。首先，板桥将那些囤积粮食的富户的粮仓查封，责令他们按市价卖给百姓，从而压低暴涨的粮价。他还派人管理米市，打击抬高粮价的不法商人。其次，他利用县令的身份地位，劝说那些大中富户轮流开设粥厂，煮粥供给老弱病残的灾民。此外，板桥采取"以工代赈"的办法，他亲自规划出诸如修城凿池等种种兴建和复旧的工程，由政府和富户集资，大兴工役，招集远近饥民来做工，使他们免于饿死。大灾之后的秋后又是歉收，板桥就将春天放赈时灾民的借条全部烧毁，不要他们偿还，从而给灾民创造了休养生息的条件。当时，潍县人民很感激这位"循吏"，为他在潍城海岛寺巷建有生祠。

乾隆十二年（1747），清廷下诏免了山东的赋税，并派遣大学士高斌和都御史刘统勋为特使，到山东放赈，郑板桥随行。直到乾隆十三年（1748），潍县的灾情才渐渐缓解，饥民也由关外络绎返乡。

在救灾工作之中，板桥感慨万千，写下了姊妹篇《逃荒行》和《还家行》。《逃荒行》写的是潍县饥民逃往关外谋生的撕裂肝肺的悲惨遭遇：

> 十日卖一儿，五日卖一妇，来日剩一身，茫茫即长路。长路迂
> 以远，关山杂豺虎；天荒虎不饥，肝人伺岩阻。豺狼白昼出，诸村
> 乱击鼓。嗟予皮发焦，骨断折腰脊。见人目先瞪，得食咽反吐。不
> 堪充虎饿，虎亦弃不取。道旁见遗婴，怜拾置担釜。卖尽自家儿，
> 反为他人抚。路妇有同伴，怜而与之乳。咽咽怀中声，咿咿口中

165

语；似欲呼爷娘，言笑令人楚。千里山海关，万里辽阳戍。严城啮夜星，村灯照秋浒；长桥浮水面，风号浪偏怒。欲渡不敢樱，桥滑足无履；前牵复后曳，一跌不复举。过桥歇古庙，聒耳闻乡语。妇人叙亲姻，男儿说门户；欢言夜不眠，似欲忘愁苦。未明复起行，霞光影踽踽。边墙渐以南，黄沙浩无宇。或云薛白衣，征辽从此去；或云隋炀皇，高丽拜雄武。初到若凤经，艰辛更谈古。幸遇新主人，区脱与眠处。长犁开古碛，春田耕细雨；字牧马牛羊，斜阳谷量数。身安心转悲，天南渺何许。万事不可言，临风泪如注。

诗中写一位卖尽自家儿的难民，又拾起路旁的弃婴。同行的妇女给弃婴哺乳，弃婴则咿咿咽咽，"似欲呼爷娘"。又写在大庙歇息时的谈话。这些细节都使人如置身其中，非亲眼目睹者不能道出。全诗如一幅《流民图》长卷，真实地反映了潍县巨大的灾害及其给人民造成的痛苦。《还家行》则以轻快与沉重、喜悦与悲伤交错的节奏，描绘出潍县土地的复苏和灾民心中永远无法弥合的创痛：

死者葬沙漠，生者还旧乡；遥闻齐鲁郊，谷黍等人长。目营青岱云，足辞辽海霜；拜坟一痛哭，永别无相望。春秋社燕雁，封泪远寄将。归来何所有？兀然空四墙。井蛙跳我灶，狐狸据我床。驱狐窒鼯鼠，扫径开堂皇；湿泥涂旧壁，嫩草覆新黄。桃花知我至，屋角舒红芳；旧燕喜我归，呢喃话空梁；蒲塘春水暖，飞出双鸳鸯。念我故妻子，羁卖东南庄。圣恩许归赎，携钱负橐囊。其妻闻夫至，且喜且彷徨。大义归故夫，新夫非不良。摘去乳下儿，抽刀割我肠。其儿知永绝，抱颈索阿娘。堕地儿翻覆，泪面涂泥浆。上堂辞舅姑，舅姑泪浪浪。赠我菱花镜，遗我泥金箱；赐我旧簪珥，包并罗衣裳。"好好作家去，永永无相忘。"后夫年正少，惭惨难禁当；潜身匿邻舍，背树倚斜阳。其妻径以去，绕陇过林塘。后夫携儿归，独夜卧空房。儿啼父不寐，灯短夜何长！

这首诗具有诗体小说的性质，是一曲凄婉的乡村牧歌。它描写了由于饥荒所造成的家庭悲剧。恩格斯认为，悲剧具有历史的必然性，不是个人的偶然的原因造成的。《还家行》正是表现了这种必然性。还家有喜悦，也有辛酸。在诗人悲悯而敏锐的感受中，这种喜悦后面的巨大辛酸，与喜悦形成了强烈的对比，给人一种撕肝裂肺般的痛楚，从而促使人深入思索造成悲剧的原因，透过无辜者的遭遇，看到社会制度的黑暗和冷酷。通篇文字中，作者并未用一句议论，而是让事实说话，把特定历史下的悲剧准确地摹写出来，具有动人心弦的力量。

唐代伟大诗人杜甫作有"三吏""三别"《兵车行》等现实主义史诗，描写了一代人的战乱天灾，一代人的悲欢离合，是历史的忠实见证。板桥的《逃荒行》和《还家行》明显受了其影响，它们反映了乾隆十一年到十三年（1746～1748）潍县的灾变和民情。分析这两首诗，对于理解板桥全力投入拯救灾民的工作，是很有帮助的。

其二是保护贫民及小商贩利益。由于郑板桥青少年时代生活屡濒绝境，与贫苦百姓有着共同的感情，所以他读书做官意在"得志则泽加于民"。他认识到"盗贼亦穷民"，在宰潍时理政则"右婆子而左富商"，改革弊政，体恤贫民和小商贩。以下两则逸事颇可说明板桥在这方面的所作所为：

　　盐店商送一私贩求惩，郑见其人褴褛非枭徒，乃谓曰："尔求责朴，吾为尔枷示之如何？"商首肯。郑即命役取芦席编成一枷，高八尺，阔丈，前成一孔，令贩进首带之；郑于堂上取纸十余，用判笔悉画兰竹，淋漓挥洒，倾刻而就，命皆贴枷上，押赴盐店。树塞其门，观者如堵，终日杂沓，若闭门市。浃辰，商大窘，苦哀郑，郑乃笑而释之。

（曾衍《小豆棚杂记》）

　　辛未五月下第归，过潍，招饮友人家，潍俗重贾，二三贾客与语焉。语次及板桥，余亟问曰："何如？"群贾答曰："郑令文采风流，施于有政，有所不足。"余曰："岂以诗酒废事乎？"曰："喜事。丙寅丁卯间，岁连歉，人相食，斗粟值钱千百。令大兴工役，修城凿池，招徕远近饥民就食赴工，籍邑中大户煮粥轮饲之，尽封积粟之家，责其平粜。讼事则右窭子而左富商，监生以事上谒，辄庭见据案大骂：'驮钱驴有何陈乞，此岂不足君所乎？'命皂卒脱其帽，足踏之，或捽头黥面驱之出。"余曰："令素怜才爱士，此何道？"曰："惟不与有钱人面作计。"余笑而言曰："贤令！此过乃不恶。"群贾相视愕，起坐去。

（法坤宏《书事》）

　　潍县的大盐商有钱有势，经营官盐，往往倚势欺压小本经营的私盐小贩。而私盐小贩大多是失去田地的农民，板桥对他们是很同情的。《潍县竹枝词》其二十四云："绕郭良田万顷赊，大都归并富豪家。可怜北海穷荒地，半篓盐挑又被拿。"其二十五云："行盐原是靠商人，其奈商人又赤贫？私卖怕官官卖绝，海边饿灶化冤磷。"板桥不仅在感情上同情小商贩，而且从法令、措施上也维护他们的利益。乾隆十四年（1739），他曾立告示碑《潍县永禁烟行经纪碑文》：

　　乾隆十四年三月，潍县城工修讫，谯楼、炮台、垛齿、睥睨，焕然新整；而土城犹多缺坏，水眼犹多渗漏未填塞者。五六月间，大雨时行，水眼涨溢，土必崩，城必坏，非完策也。予方忧之。诸烟铺闻斯意，以义捐钱二百四十千，以筑土城。城遂完善，无复遗憾，此其为功岂小小哉！查潍县烟叶行本无经纪，而本县莅任以来，求充烟牙执秤者不一而足，一概斥而挥之，以本微利薄之故；况今有功于一县，为万民保障，为城阙收功，可不永革其弊，以报其功、彰其德哉！如有再敢妄充私牙与禀求作经纪者，执碑文鸣官重责重罚不贷！

　　此碑表彰烟行众小铺捐资修土城的义举，并永禁设经纪，使其不受欺凌剥削，是郑板桥体恤小商小贩，改革弊政的重要措施。

　　其三是推行文教，识拔人才。潍县富商云集，人们以奢靡相尚，以攫财为荣。郑板桥莅任后，竭力提倡文事，力图"留取三分淳朴意，与君携手入陶唐"。乾隆十五年（1750），潍县重修文昌阁，他撰有《重修文昌阁记》，结尾说："本县甚嘉此举，故爱之望之，而亦淳切之警之，是为民父母之心也。"提倡文教之切切，固不待言。有趣的是，板桥于乾隆十七年（1752）为潍县新修城隍庙所撰《城隍庙碑记》中也宣扬文事：

> 今城隍既以人道祀之，何必不以歌舞之事娱之哉！况金元院本，演古劝今，情神刻肖，令人激昂慷慨，欢喜悲号，其有功于世不少。至于鄙俚之私，情欲之昵，直可置弗复论耳。则演剧之楼，亦不为多事也。

城隍本泥身木胎，并无七情六欲；演剧楼的建立，实际是在"娱神"的招牌下为人服务的。板桥提倡上演一些"演古劝今""有功于世"的戏曲——这也是新修城隍庙的重要目的。

在推行文教的同时，板桥还大力发现人才，奖掖后进。如有一天晚上，他微服漫步于东关韩家洼一带，忽听到从一间破屋内传出琅琅书声。经询问知是贫寒书生韩梦周，板桥即解囊相助，着意培养。后来，韩梦周于乾隆十七年中举人，乾隆二十二年（1757）中进士，任安徽来安县令，指导发展生产，做了不少好事，极受群众爱戴。去官后，归里授徒，成为著名学者，有文集行世。还有一位贡生胥伦彝，性嗜赌，腊月天寒，还披毡坐在赌场舍不得离开。他的文章做得很好，受到板桥赏识。板桥劝他不要消沉下去，荐他担任了某县的书院山长，清末潍人郭麐曾作《竹枝词》，其中一首云："胥君生有樗蒲癖，腊月披毡一片青。不遇扬州郑风子，只应冻杀老明经。"即指此而言。板桥还有一位得意门生韩镐，也是家贫有才。板桥对其不仅在经济上资助，而且在治学上也加以辅导，曾写一联赠韩："删繁就简三秋树，领异标新二月花。"该句成为名句箴言，流传颇广。可惜韩镐因家庭多故，生活坎坷，久踬场屋，直到乾隆四十八年（1783）才中举人，其时板桥已离开潍县了。

总之，板桥在潍县七年，"无留牍，亦无冤民"，是一位难得的清官。当时，他的朋友沈廷芳有诗赠云："郑君郑君尔才奇特风义古，为政岂在守文簿？一官橐散鬓如丝，万事苍茫心独苦。"有抱负而难以施展，行善政而多所阻碍，这也是封建社会里一切正直的下层官吏的必然命运。

这期间，还有几件事值得一提。一是板桥还担任过"乾隆东封书画史"。所谓东封，就是古代封建皇帝祭祀泰山，举行封禅大典。泰山为中国五岳之一，因地处东部，故称东岳。古人以东方为万物交替、初春发生之地，故东岳有"五岳之长""五岳独尊"的称誉。古代帝王登基之初或太平之岁，多来泰山举行封禅大典，祭告天地。据传夏、商、周三代即有七十二个君主来此祷祀，自秦始皇以下始见记载，《史记·封禅书》志其事。乾隆十三年（1748），乾隆东巡。为了筹备、布置皇帝登临泰山的住处，板桥在东岳的最高峰玉皇顶住了四十多天。这是板桥一生中最有光彩、最富纪念性的日子。后来，他自豪地镌一印章云"乾隆东封书画史"，以此自炫夸世。二是乾隆十四年（1749），他的儿子在兴化病殁。这个孩子是饶氏所生，很受板桥钟爱。板桥在潍县任上时，常常写信回家，托付郑墨和妻、妾教育孩子；他还特别抄了四首五言绝句，让郑墨教孩子唱诵。然而孩子死了，板桥屡经创痛的心灵又受到一次沉重的打击。

未入仕前，板桥耽于幻想，所谓"读圣贤书，所学何事？"一心想做个清官，"得志则泽加于民"。然而，当了十几年县令，亲身经历了黑暗的官场、亲眼目睹了老百姓的苦难后，他的幻想逐渐破灭了。这时，他更加怀念荷红藕碧的扬州水乡：

> 潦倒山东七品官，几年不听夜江湍。
> 昨来话到瓜州渡，梦绕江南晓日寒。

这首诗题名《和学使者于殿元枉赠之作》。于学使叫于敏中，与板桥同样来自江南。当他们一块谈论到瓜州渡的风物时，充塞在心中的乡愁，就变得更加浓厚了。

不仅思乡，而且对于做官，板桥也甚觉无聊。他给郑墨写信，十分感慨地说："官途有夷有险，运来则加官进爵，运去则身败名裂。……惟久羁政海，精力日衰，不仕又无善退之法，自寻烦恼，未知何日始克遂我初服也。""我今直视靴帽如桎梏，奈何奈何！"他还作有一首《青玉案·宦况》，抒写了对官场生活的厌倦：

> 十年盖破黄绸被，尽历遍、官滋味。雨过槐厅天似水，正宜泼茗，正宜开酿，又是文书累。坐曹一片吆呼碎；衙子催人妆傀儡，束吏平情然也未？酒阑烛跋，漏寒风起，多少雄心退！

"酒阑烛跋，漏寒风起"与"雨过槐厅天似水"成一对比，使人愈觉为官的不值得。

这时板桥的健康状况也欠佳："足部湿气""通宵失眠""疝气时发""左耳失聪""目光昏蒙"，加上思乡和厌官，他于是产生了辞官归隐的念头。《唐多令·思归》很好地表达了这种情怀：

绝塞雁行天，东吴鸭嘴船。走词场三十余年。少不如人今老矣，双白鬓，有谁怜？ 官舍冷无烟，江南薄有田。买青山不用青钱。茅屋数间犹好在，秋水外，夕阳边。

在这种情绪支配下，郑板桥闷闷不乐。他在《复同寅朱湘波》中云："去家十一载，久思解租归田，以延残喘。而苦衷不为上峰见谅，能无悒悒乎！"在给郑墨的信中亦云："颓唐之象，日见日衰。作宰十数年，无功于国，无德于民，屡思乞休，遣返故里，与我弟畅叙手足之情，而犹不见谅于当道，殊令人欲哭不得，欲笑不能。"

正在进退两难之际，意外地，他被解职罢官了。

三、罢官离潍

三绝诗书画，一官归去来。

——李啸村赠板桥联

乾隆十八年（1753）春，板桥被解职。关于解职的原因，说法不一。《扬州府志》《国朝诗人小传》谓"以疾归"，《兴化县志》谓"乞休归"，曾衍《小豆棚杂记》谓"因邑中有罚某人金事，控发，遂以贪婪褫职"。《清史列传》《清代学者像传》谓"以请赈忤大吏，乞疾归"。我认为以后者为可信。《小豆棚杂记》所云是由于得罪大吏，大吏对板桥加以诽谤和冤枉，与《清史列传》并不相悖。

在封建社会，邪恶、谀谄、卑鄙、险恶、自私织成一张网，正直、高尚的人往往身罹其祸。但是，有的人却以圆熟的心智，"游刃有余"地斡旋各种矛盾之间。板桥的朋友丹翁就是这样一位"解连环妙手"。他对于一次冒滥领赈的判词是："写赈时原有七口，后一女出嫁，一仆在逃，只剩五口；在首者既非无因，而领者原非虚冒。"对此，板桥一遍又一遍玩味，十分佩服。他觉得丹翁包容了人世间的冲突，就像兰花包容了荆棘。他在一幅送给朋友的长卷中，画着一丛丛摇曳有致的兰花，几竿清瘦孤标的劲竹，几块错错落落的石头，然后穿插画有数枝荆棘，题云："满幅皆君子，其后以荆棘终之，何也？盖君子能容纳小人，无小人，亦不能成君子。故棘中之兰，其花更硕茂矣。"他还写了"难得糊涂"四个字，注云："聪明难，糊涂难，由聪明而转入糊涂更难。放一着，退一步，当下心安，非图后来福报也。"这些都反映了板桥对于理想、个性与现实之间的矛盾的认识与体验。

认识归认识，实行又是另一回事。可惜，板桥的性格太倔强，为人处世不能做到糊涂和圆融。他在潍县作画常署"橄榄轩主人"，这是颇含深意的。橄榄是生长于南方的常绿乔木，《本草纲目》卷三十一"橄榄"条云："其味苦涩，久之方回味。王元之作诗，比之忠言逆耳，乱乃思之，故人名为'谏果'。"北宋王禹偁喜臧否人物，遇事敢言，任左司谏等官，八年三黜。曾作《橄榄》诗云："良久有回味，始觉甘如饴。"板桥用"橄榄"命名己室，正是以放言高论自许。以下一些记载和板桥的诗文，虽语焉不详，但很可据以推测他"忤大吏"而遭致解职的原因：

> 郑尝因公进省，各上司皆器重之。一日会宴趵突泉，属诗于郑，郑应作曰："原原有本岂徒然，静里观澜感逝川。流到海边浑是卤，更谁人辨识清泉。"诗成，满座拂然，金谓郑讪诽上台。后因邑中有罚某人金事，控发，遂以贪婪褫职。
>
> （曾衍《小豆棚杂记》）

> 板桥以岁饥为民请赈忤大吏，罢归，其诗云："长官好善民已愁，况以不善司民牧。"真至言也。
>
> （阮元《淮海英灵集》）

> ……金钱数百万，便宜为赈方。何以未赈前，不能为周防？何以既赈后，不能使乐康？何以方赈时，冒滥兼遗忘？臣也实不材，吾君非不良……
>
> （郑板桥《思归行》）

上引《小豆棚杂记》所载"更谁人辨识清泉"，直斥贪庸官吏；至于《思归行》那三个问句，锋芒所指，已经是上层统治集团了。这样的"狂士"做县令，焉能无祸呢？

板桥虽然被解职而即将离开潍县，但他对于潍县是很有感情的。他请人小心地拓下潍县周围有名的碑匾，其中他最珍爱东岳庙内于适所书"发育万物"四个大字的笔力千钧，一气贯注，摄人心魂。他也很留恋郭尚书府旧华轩，爱那里的幽林小阁、古砚残碑。他还喜欢游玩城东北风景幽雅的关帝庙。与恒彻上人一边谈禅，一边摘吃架上的葡萄。他对潍县是如此深情，甚至在他离潍十年后，还作了《怀潍县二首》："相思不尽又相思，潍水春光处处迟。隔岸桃花三十里，鸳鸯庙接柳郎祠。""纸花如雪满天飞，娇女秋千打四围。五色罗裙风摆动，好将蝴蝶斗春归。"一往情深，历久弥切。

板桥离开潍县时，群众都自发地涌上县衙大街送行。俗话说："三年清知府，十万雪花银。"一般官吏离任时，私囊是不少的。但板桥却非常寒碜，"囊橐萧然，图书数卷而已"[①]。他只用三头毛驴，一头装着简单的行李，板桥自己骑着；一头驮两夹板书，加上一把叫阮咸的乐器；还有一头是小童骑着在前面引路。板桥头戴岚帽，身穿毡衣，向站在衙阶前送行的新任县令和群众深深一揖，语重心长地说："我郑燮之以娄败，今是归装若是其轻而且简。诸君子力踞清流，雅操相尚，行见上游器重，指顾莺迁，倘异日去潍之际，其无忘郑大之泊也。"说完，跨上驴背，缓缓地走出了潍县。

潍县人是很爱戴板桥和他的艺术的。当时有"一县持团扇，争来乞草书"的记载。离潍前，板桥给潍县的绅士画了幅竹子，上面题诗云：

①《扬州府志》卷四十八。

　　乌纱掷去不为官，囊橐萧萧两袖寒。

　　写取一枝清瘦竹，秋风江上作渔竿。

　　这首诗清高悲愤，无异于一篇宣言书。郑板桥宣告，他掷去乌纱后，要潜心丹青，追求艺术的真谛了。

第九章　狂怪文风世所仇

前面已经讲过，为宦时期是板桥思想的成熟时期，也是他创作的旺盛时期。他的诗歌、词、曲、散文的思想性和艺术性在这时都达到了一定的高度，并出现了《逃荒行》《还家行》等诗史式的篇章。五十七岁那年，他编定了《诗钞》《词钞》，亲自抄写交给门人司徒文膏刻版印行。在《后刻诗序》中，板桥写道："板桥诗刻止于此矣，死后如有托名翻版，将平日无聊应酬之作改窜烂入，吾必为厉鬼以击其脑！"

一、板桥诗词概况

莫以梁园留赋客，须教《七月》课豳民。

——《将之范县拜辞紫琼崖主人》

郑板桥出身贫寒，对劳动人民的生活有一定的接触，同时在文学思想上继承了陶渊明、杜甫、白居易的优良传统，又受到明代公安派积极一面的影响，从而构成了自己的现实主义文风。板桥诗词的内容是较厚实的，反映面也是较宽的，这也是他高出扬州画派其他画家之处。

板桥担任过下级官吏，卖画扬州，有机会接近人民。尽管由于时代局限，他还不能看到社会的前景，表现出迷惘与徘徊，尽管他对人民的生活、疾苦和要求接触不太深、体会不太够、了解不太多，但是毕竟为人民做了一些好事，如在潍县开仓救灾，责令富户平粜，救活了不少饥民，而且在秋后歉收时，还烧掉了饥民的借券；在范县任上时，也力勘冤狱，释放受害平民……他的诗词则勇敢地为人民呼喊了痛苦和愿望，积极大胆地暴露了社会黑暗的现实，用讽刺的火焰无情地烛照当时那些阴暗龌龊的角落，表现了正直的下层知识分子对国家社会的关切，从一个侧面反映出了生活的本质。如《沁园春·恨》之骂"箝口术"，《逃荒行》《还家行》之哀饥民，《私刑恶》《悍吏》之刺官吏，《孤儿行》《后孤儿行》《姑恶》之写孤儿、小媳妇的非人的悲惨生活，《潍县竹枝词》《满江红·田家四时苦乐歌》则记载了农民、渔民、盐民在死亡线上的挣扎……这些诗词抒情的真实性、深刻性，不仅在当时罕见，就是今天读来也使人为这种艺术魅力所感动。"怪人"郑板桥实际上是爱憎分明的热血丈夫！

板桥在很多诗词中，倾注热情，歌颂了劳动人民勤劳、勇敢、朴质、忠厚的品质与真挚深厚的感情，用绚丽轻灵的笔触描绘了许多可爱的人民形象和民间风俗，如"潮头如山挺船入"的弄潮儿①，"检点儿

---

① 《弄潮曲》。

眠听晓鸦"的寡妇①，"醉来索笔索纸墨，一挥百幅成江河"的画家②，还有"捆青松，夹绿槐"的樵夫，和"高歌一曲斜阳晚"的渔翁③……这些人物，有声有色，掩卷呼之欲出。衬托这些栩栩如生的人物的，则是真切的生活背景。如"千家养女先教曲，十里栽花算种田"④，再现了当时繁华的都市，"门外绿杨三十顷，西风吹满白莲花"⑤，唤起了读者对江南水乡的向往；而"胡姬醉舞双红袖，笑指黄羊挂骆驼"⑥，则描绘了悦目的塞外风光。

郑板桥除了直接表现现实生活的诗词外，还有不少咏史、咏物的诗词。咏史之作如《历览三首》《巨鹿之战》《念奴娇·金陵怀古》等，都是借古喻今，激昂慷慨，在抒情言志中又颇具史家的冷静，如咏项羽，就显示了板桥全面的认识。《咏史》云："项羽东归只废才"，《项羽》云："新安何苦坑秦卒，坝上焉能杀汉王？"对项羽不用贤才和暴戾刚愎进行了批判。而《巨鹿之战》云："项王何必为天子，只此快战千古无！"则歌颂了项羽压倒一切敌人的英雄气概，表现了作者不拘俗见的眼光。咏物之作则多为咏兰竹，作者睥睨世态、傲岸不羁的品性尽赋予所咏的兰竹了。

另外，由于郑板桥是个著名书画家，有些诗词（其中很多是题画诗）也可当作书画论来读。如《江晴》："天阴作图画，纸墨俱润泽；

①《抚孤行》。
②《音布》。
③《道情十首》。
④《扬州》之一。
⑤《燕京杂诗》。
⑥《塞下曲三首》之二。

更爱嫩晴天，寥寥三五笔。"就纯是作者的作画体验。其他论及书画的如《音布》《又赠牧山》《贺新郎·徐青藤草书一卷》等作，或倾吐创作艰辛，或议论书画审美，或述风格，或谈用笔，切中肯綮，精彩非常。这也是板桥诗词中另一块绚丽的园地。

需要指出的是，因为阶级和时代的局限，板桥诗词中也有一些格调不高甚至恶劣的作品。最突出的是《海陵刘烈妇歌》。据《泰州志·烈女》，刘烈妇住海陵刘庄场，是明末武举人许珍的妻子。许珍在太原随左良玉讨张献忠，战死。烈妇侍公婆死后，亦自经死。许珍之死本不足道，烈妇殉夫更不可取，但板桥闻知后，却作歌颂扬，反映了他的封建士大夫的节烈观。

郑板桥的诗词不仅内容广泛，思想深沉，而且在形式上也丰富多样，长于变化。他的诗作中有三言、四言、五言、六言、七言等形式，有近体诗，也有歌行古体。并且，他还善于向民间文学学习，运用竹枝词、道情等民间形式来抒情言志。

板桥《后刻诗序》云："古人以文章经世，吾辈所为，风月花酒而已。逐光景，慕颜色，嗟困穷，伤老大，虽刳形去皮，搜精抉髓，不过一骚坛词客尔，何与于社稷生民之计、三百篇之旨哉！屡欲烧去，平生吟弄，不忍弃之。"可见他并不是以诗人词客自负的。平心而论，板桥的诗词虽然在思想上还未能脱出封建正统儒家思想的范畴，在艺术上也不能与唐、宋以往的名人大家相比，但是在清代文坛上还是比较突出的。《乾嘉诗坛点将录》称板桥为"阴道神郁保四"。李桓《国朝耆献类征初编》卷二百三十三云："其诗流露灵府，荡涤埃愱，视世间无结辖不可解之事，即无梗咽不可道之词，空山雨雪，高人独立，秋林烟散，石骨自青，差足肖之。非彼借口白战以自诩为羌无故实者也。"对于板桥的词，历来认为成就高于诗。《松轩随笔》云："板桥先生疏旷洒脱，然见地极高，天性极厚。其生平词胜于诗。吊古抒情，激昂慷慨，与集中家书数篇，皆世间不可磨灭文字。"应该说，这些议论都有一定的道理，绝非溢美之词。但是，近半个世纪来，一些人对于郑板桥有误解。认为他是个"放浪形骸"的"怪人"，却看不出他是个有反抗精神和进步思想的血性男儿；只承认他在书画方面有卓越成就，却不大注意他在文学上的贡献。解放后的几本文学史上，都没有提及郑板桥。其实，"三绝诗书画"，板桥诗词和其书画一样，品调是高出一时的，应该在文学史上占一席之地。

二、狂怪雄风

拔取金刀眉目割，破头颅血迸苔花冷，亦不是，人间病。

——《贺新郎·徐青藤草书一卷》

上文介绍了板桥诗词的简况及评价，这里拟披文入质，沿波讨源，就其特色做些探讨。别林斯基指出："要着手研究一个诗人，首先就要在他许多种不同形式的作品中，抓住他个人性格的秘密，这就是他才有的那种精神特点。"[①] 板桥诗词的特点是狂怪。正是这种贯穿始终的狂

---

① 别林斯基《论普希金》。

怪雄风，使他的诗词在清代文坛发出奇异的光芒，给人们留下了深刻的印象。

按《书·洪范》疏："狂为倨慢。"《诗·鄘风》疏："狂者，进取仰法古例，不顾时俗。"《白虎通》曰："凡行之诡异曰怪。"狂怪，就是倨傲、反俗，诡异奇特。表现于诗歌，则是诗人用狂怪的心理观察、表现世界的结果。从郑板桥思想艺术的整个倾向来说，潜存着一种真挚与怪诞、谦恭与狂放的截然相反而又浑然一统的生动精神力量。板桥自幼贫困，刻苦攻读，"读书志在圣贤，为官心存君国"，想为老百姓做点事。但在当时，这种虔诚的愿望迭遭打击。于是，他一切幻想破灭，决心"从此江南一梗顽"，嬉笑怒骂，以狂怪的艺术形式暴露和鞭挞黑暗的现实，抚慰善良的、创痛的心灵。这样，板桥的诗词无疑是独特的，也是生动的。

首先，板桥一部分诗词表现了爱奇反经、思想解放的独创精神。正如他在《乱兰乱竹乱石与汪希林》中写道："掀天揭地之文，震电惊雷之字，呵神骂鬼之谈，无古无今之画，原不在寻常眼孔中也。"他在《偶然作》中亦云："英雄何必读书史，直摅血性为文章。不仙不佛不贤圣，笔墨之外有主张。"与历来"劳心者治人"的观点相反，他认为农民是"天地间第一等人"，而"士为四民之末"。这种重农思想在他的诗词中屡有流露。如《喜雨》：

宵来风雨撼柴扉，早起巡檐点滴稀。

一径烟云蒸日出，满船新绿买秧归。

田中水浅天光净，陌上泥融燕子飞。

共说今年秋嫁好，碧湖红稻鲤鱼肥。

　　历来喜雨诗名篇佳作不少，但背景多是山光水色。如杜甫《春夜喜雨》："随风潜入夜，润物细无声"，细微地描写了春雨，而板桥则由及时雨想到丰收美景，新鲜自然，动人心扉。其他如《呈姚兴滇太守》《范县诗十首》等，都清楚地表明了他对农民生活和农业副业等各项生产的关心。

　　爱奇反经，还表现在对历代兴亡、历史人物的评价上，所谓"量今酌古情何限？愿借东风作小狂"。板桥同情"只此快战千古无"的项羽；赞扬"千古文章根肺腑"的王安石；鄙视"自云黼黻笔，吾谓乞儿谋"的"曹刘沈谢才，徐庾江鲍俦"。虽然这些看法有偏激之嫌，但见自己出，毫无依傍，真可谓推翻旧案，裂石惊天！最令人回味的是《铜雀台》：

　　铜雀台，十丈起。挂秋星，压寒水。漳河之流去不已，曹氏风流亦可喜。西陵松柏是新栽，松下美人皆旧妓。当年供奉本无情，死后安能强哭声？缥怖八尺催歌舞，懒慢盘鸦髻不成。若教卖履分香后，尽放民间作佳偶，他日都梁自检烧，回首君恩泪沾袖！

　　铜雀台是曹操宴会歌舞的场所，西陵是曹操的墓地。北周庾信《拟咏怀诗》："徒劳铜雀妓，遥望西陵松"；唐王勃《铜雀妓》："西陵松槚冷，谁见绮罗情！"描写铜雀旧妓对曹操的感情。板桥则反其意而用之。后四句说，曹操如果教人在自己死后将这些宫女都放往民间，让她们组织幸福的家庭，那么，以后宫女们一定会自动地烧香纪念、回想恩德而泪流沾袖。这里，板桥为受奴役者呼喊了不平，闪耀着人道主义光芒。

这种强烈的、真挚的感情，深刻地体现在对广大人民的同情上面。他的笔触大胆地反映了现实众生相。如写悍吏，则"豺狼到处无虚过，不断人喉抉人目"；写私刑，则"雷霆收声怯吏威，云昏雨黑苍天泣"；他还描写了"十日卖一儿，五日卖一妇"的逃荒者、"摘去乳下儿，抽刀割我肠"的还家贫民、"低头屏息，不敢扬声"的孤儿、"疤痕掩破襟，秃发云病疏"的小媳妇、"听他笞骂由他辱"的童仆……这一幕幕人间悲剧，令人不忍卒读。这种"狂怪"，是与当时社会民不聊生的现实格格不入的愤嫉。和一般帮闲的骚人墨客之流"剪树枝，造亭榭，辨古玩，斗茗茶"是大相径庭的。读板桥这些诗词，仿佛看见这位"怪"人——一位满怀同情人民大众的老人，怒目裂眦地出现在我们面前。这就是最本色的"爱奇反经"，这也是他和"扬州八怪"中的其他七位不相同之处。

板桥诗词的狂怪特色还表现为不做奴才的主人翁气概。板桥《与江宾谷、江禹九书》云："学者当自树其帜。凡米盐船算之事，听气候于商人，未闻文章学问亦听气候于商人者也。"又云："凡作文者，当作主子文章，不可作奴才文章。"他还刻了一方图章，文曰："郑为东道主。"这种主人翁的气概在诗词中屡有反映。如他在《贺新郎·徐青藤草书一卷》中借徐渭以自道："只有文章书画笔，无古无今独逞，并无复自家门径。"板桥赞扬这种"一切是独创的，一切是自己的，连缺点在内"的主人翁精神。他对徐渭晚年因嫉世而疯狂自残的行为也深表理解和同情："拔取金刀眉目割，破头颅血迸苔花冷，亦不是，人间病！"

　　《清史列传·郑燮传》载："（燮）家穷，性落拓不羁，喜与禅宗尊宿及期门子弟游。日放言高谈，臧否人物，以是得狂名。"这种目空一切的"臧否人物"在其诗词中也有所反映，如前文所引对"曹刘沈谢才，徐庾江鲍侪"的评论即是。这里，我们想指出的是，板桥的狂怪笔触不仅指向名人，而且指向了"天"。他问天："长啸一声沽酒楼，背人独自问真宰"；"呜呼七歌兮浩纵横，青天万古终无情"！进而恨天：

　　花亦无知，月亦无聊，酒亦无灵。把夭桃斫断，煞他风景；鹦歌煮熟，佐我杯羹。焚砚烧书，椎琴裂画，毁尽文章抹尽名。荥阳郑，有慕歌家世，乞食风情。　　单寒骨相难更，笑席帽青衫太瘦生。看蓬门秋草，年年破巷；疏窗细雨，夜夜孤灯。难道天公，还箝恨口，不许长吁一两声？颠狂甚，取乌丝百幅，细写凄清。

（《沁园春·恨》）

　　作者蓬首跣足，毁灭一切心爱之物，但也发泄不了胸中的愤恨。这真是一篇疯疯癫癫、回肠荡气的狂怪宣言！试问在那文字狱罗网高张的年月，这样的思想能不以狂怪的面目出现而是直率道来吗？板桥不仅恨天，而且直欲扫天、掀天：

　　一阵狂风倒卷来，竹枝翻回向天开。扫云扫雾真吾事，岂屑区区扫地埃！

（《题画》）

画根竹枝插块石，石比竹枝高一尺。虽然一尺让他高，来年看我掀天力！

（《题画》）

气概豪迈，目空一切，真不愧他印文自许的"江南巨眼"！

以俗自居，俗中见奇，也表现出明显的狂怪特色。戴延年《秋灯丛话》载，郑板桥没有官架子，夜间外出巡视，不鸣锣开道，不用"回避""肃静"的牌子，只用一小吏打着写有"板桥"二字的灯笼前导。当时许多人看不惯。他的朋友郑方坤亦在《郑燮小传》中说："嵚崎历落，于州县一席，实不相宜。"板桥诗词中则屡屡以俗自居，一则曰："俗吏之俗亦可怜，为君贷取百千钱。"再则曰："一别朱门，六年山左，老作风尘俗吏。"《喝道》还生动地再现了他芒鞋问俗的情景：

喝道排衙懒不禁，芒鞋问俗入林深。
一杯白水荒涂进，惭愧村愚百姓心。

显然，这里的"俗"是指充满痛苦贫穷而又朴实淳厚的世俗社会。"芒鞋问俗"所迈出的一步，是对正统的封建等级观念的嘲弄和蔑视，体现了可贵的民生主义精神。"俗"得可亲，也"狂"得可爱。

在诗词中，板桥也不避"俗"物，并且往往俗中见奇。如"白菜腌菹，红盐煮豆，儒家风味孤清""江南大好秋蔬菜，紫笋红姜煮鲫鱼""柳坞瓜乡老绿多，么红一点是秋荷""碧绿新筐果，轻黄旧草鞋""触窗无力痴蝇软，切莫欺他失意时"，俗景琐事，一经驱使，便精神百倍，具有独特的美学价值。

为什么郑板桥诗词会有浓厚的狂怪特色呢？总的来说，他是生活在文禁森严的年代，同情人民、不满现实的满腹牢骚只能曲折地寄托于笔墨之中，"扯碎状元袍，脱却乌纱帽"，从而成其为狂怪的。

板桥生活的康、雍、乾三朝，是文网高张的年代。（关于文字狱之为烈，本书在前面已有叙述。）诚如与板桥同时代的一位惯写狐仙鬼怪的作家蒲松龄说的："惊霜寒雀，抱树无温；吊月秋虫，偎阑自热。知我者，其在青林黑塞间乎？"这样险恶阴森的环境，使知识分子感到压力很大。郑板桥也不例外。板桥的好友杭世骏就是因条陈"泯满汉之见"而被罢官。板桥的同学陆骖因文字狱而被戮尸。板桥听到这个消息后，把已刻好的《诗钞》上十几首流露反清情绪的诗从板子上铲去。在愤懑之余，他曾写了《历览》，其三云：

> 历览前朝史笔殊，英才多少受冤诬！一人著述千人改，百日辛勤一日涂。忌讳本来无笔削，乞求何得有褒诛？唯余适口文堪读，惆怅新添者也乎。

谁都清楚，"前朝"就是"本朝"。这首诗笔锋直指虐民害贤的文字狱，实在是"大胆妄为"！

在这样的政治高压下，板桥不得不以狂怪的面目出现，是不足为怪的。《板桥自序》云："板桥貌寝，既不见重于时，又为忌者所阻，不得入试。愈愤怒，愈迫窘，愈敛厉，愈微细……"他有时怒目裂眦，有时侃侃而谈，有时啸傲跳跃，有时垂涕而道，以"狂怪"的面目出现在清代诗坛。

同时，板桥贫困坎坷的身世也是造成其诗词狂怪特色的重要因素。板桥从小家庭贫苦，常常是"爨下荒凉告绝薪，门前剥啄来催债"。做进士前，在扬州卖画，但经济拮据，所谓"卖与东风不合时"。乾隆元年（1736）中了进士，做了十二年县令。但是，乾隆十八年（1753），他为请赈得罪上司，丢了官。板桥一生坎坷，苦闷彷徨，忧愁愤慨，更促进了"狂怪"特色的形成。诚如他在《自遣》中所自述："啬彼丰兹信不移，我于困顿已无辞。束狂入世犹嫌放，学拙论文尚厌奇。"当时"板桥徒以狂故不理于口"，攻击他的人很多。他曾刻印"古狂""动而得谤名亦随之"。生活的困顿，就像块块礁石，激起了艺术创作狂怪的浪花。他有首《竹石》诗云：

> 咬定青山不放松，立根原在破岩中。
> 千磨万击还坚劲，任尔东西南北风。

在诗人笔下，竹子也有一股清傲倨狂的神态，这也是一丛迭遭打击的风霜之竹啊！

"怪迂荒幻性所钟，妥贴细腻学之谧。"对艺术的执着的、如痴如醉的追求，也加强了板桥诗词的狂怪特色。板桥在艺术上有很多痴癖。他自云："终日作字作画，不得休息，便要骂人；三日不动笔，又想一幅纸来，以舒其沉闷之气。"[1]他对徐渭极其倾倒，尝刻一印云："徐青藤门下走狗郑燮。"对于自己的诗集，他是死后也要追求文责的，

---

[1]《靳秋田索画》。

《后刻诗序》云："板桥诗刻止于此矣。死后如有托名翻版，将平日无聊应酬之作，改窜烂入，吾必为厉鬼以击其脑！"他对画友也是"惺惺惜惺惺"。《赠金农》诗云："乱发团成字，深山凿出诗；不须论骨髓，谁得学其皮？"对艺术的沉醉，常常使板桥天真烂漫，忘乎所以。他想念扬州，便以为扬州也有心肝思虑："我梦扬州，便想到扬州梦我。"①在他眼里，竹、兰、石都是涂上了"有节、有香、有骨"的感情色彩的朋友，他愿意终生为之高歌，为之低吟，对之跳跃，对之抚弄。

　　以上试论了造成板桥诗词狂怪特色的原因。值得指出的是，这种狂怪正反映出板桥真挚的性情。这是艺术的辩证法。张维屏《松轩随笔》云："板桥大令有三绝，曰画曰诗曰书。三绝之中有三真，曰真气曰真意曰真趣。"徐世昌《晚晴簃诗汇》卷七十四云："板桥画书诗号称三绝。自出手眼，实皆胎息于古诗。多见性情，荒率处弥真挚有味，世乃以狂怪目之，浅矣！"这些议论都是很有见地的。我以为，板桥是个真挚诚恳的血性男儿，真诚是他的本质，而"狂怪"则是他作为一个艺术家的"外表"。唯其真诚，所以能不向卑鄙、肮脏的官场规则妥协，能不在邪恶面前低下"狂怪"的头颅；唯其"狂怪"，所以能不阿谀逢迎，不助纣为虐，不丧失艺术家真诚的良心。

---

①《满江红·思家》。

三、渊源

诗学三人，老瞒与焉。少陵为后，姬旦为先。

——《署中示舍弟墨》

历史上凡属有成就的作家，都是博览群书，有取舍地吸取前代的文学遗产，从而纵横变化，自成一家的。唐代诗人李白天纵英才，然而他十分刻苦地向前人学习，推崇《风》《雅》，赞美建安，低首小谢，"解道澄江静如练，令人长忆谢玄晖"[1]。在他的诗歌里可以找到类似各代诗风的作品。杜甫也是在"清词丽句必为邻"[2]的刻苦学习中，达到了"下笔如有神"[3]的艺术高峰。明末清初，一方面考据学大盛，讲究一字一句的来历；另一方面文学批评界随着诗话的畅行，也掀起了宗唐宗宋之争的高潮。所以，清代文人对于接受文化遗产都是非常努力的。特别是郑板桥，他不仅天分较高，而且勤奋异常，他认为"读书深，养气足，恢恢游刃有余地矣"。于古代文学作品，自《诗》《骚》以下到本朝人之作，他几乎大都阅读过，从而为他的创作实践打下了深厚的基础。而且，在广泛阅读的同时，板桥认为继承文学遗产必须有所取舍。他在《随猎诗草、花间堂诗草跋》中就说过："《五经》《廿一史》《藏》十二部，句句都读，便是呆子；汉魏六朝三唐两宋诗人，家

---

① 李白《金陵城西楼月下吟》。
② 杜甫《戏为六绝句》。
③ 杜甫《奉赠韦左丞丈二十二韵》。

家都学，便是蠢才。"他在《与江宾谷、江禹九书》中，借用佛家语纵论前代文学作品："文字有大乘法，有小乘法。大乘法易而有功，小乘法劳而无谓。《五经》《左》《史》《庄》《骚》、贾、董、匡、刘、诸葛武乡侯、韩、柳、欧、曾之文，曹操、陶潜、李、杜之诗，所谓大乘法也……六朝靡丽，徐、庾、江、鲍、任、沈，小乘法也。"板桥的诗词渊源，正是建立在这种批判与选择的基础上的。

以下，我们分叙板桥诗、词的渊源所自。

板桥学诗的老师不见记载，大概是其父立庵先生亲授，板桥最推重《诗经》和曹操、李白、杜甫、杜牧、陆游诸家的诗，以下择其要而述之。

（一）《诗经》。《诗经》是中国历史上第一部诗歌总集，是历代诗人取法的标准，它自然成为板桥所热爱和学习的对象。板桥在《贺新郎·述诗二首》中说过："诗法谁为准？统千秋姬公手笔，尼山定本。"他常常带着一种推崇备至的心情谈到《诗经》："《六经》之文至矣尽矣，而又有至之至者：浑沦磅礴，阔大精微，却是家常日用，《禹贡》《洪范》《月令》《七月流火》是也。当刻刻寻讨贯串，一刻离不得。"① 为什么他对《诗经》如此崇拜呢？原来是他认为《诗经》是"经世文章"，"《七月》《东山》千古在，恁描摹琐细民情妙，画不出，《豳风》稿"②。所以，板桥在诗歌创作上自然地继承了《诗经》的现实主义传统，从而创作出诸如《悍吏》《范县诗》等关心民瘼的诗作。

---

① 《焦山别峰庵雨中无事书寄舍弟墨》。
② 《贺新郎·述诗二首》。

（二）曹操。板桥诗文中提到曹操的有好几处。《署中寄舍弟墨》云："诗学三人，老瞒与焉。少陵为后，姬旦为先。"《贺新郎·述诗二首》云："八斗才华曹子建，还让老瞒苍劲。"《与江宾谷、江禹九书》云："曹氏父子，萧家骨肉，一门之内，大小殊轨。曹之丕、植，萧之统、绎，皆有公子秀才气，小乘也。老瞒《短歌行》、萧衍《河中之水歌》，勃勃有英气，大乘也。"可知，他欣赏曹操诗歌那种沉雄慷慨之气。

（三）杜甫。板桥从小就爱读杜诗，后来经历世事，对于这位"诗圣"更生景仰之情。他在《板桥自序》中曾礼赞道："少陵七律、五律、七古、五古、排律皆绝妙，一首可值千金。板桥无不细读，而尤爱七古，盖其性之所嗜，偏重在此……是《左传》、是《史记》，似《庄子》《离骚》，而六朝香艳，亦时用之以为奴隶。大哉杜诗，其无所不包括乎！"板桥认为杜诗既具备《诗经》的现实主义传统，又具备曹操的沉雄之气。他说："只一开卷，阅其题次，一种忧国忧民忽悲忽喜之情，以及宗庙丘墟，关山劳戍之苦，宛然在目。其题如此，其诗有不痛心入骨者乎！"他认为要像杜甫一样，用诗歌补察时政，泄导人情。反之，像王摩诘、赵子昂辈游戏文字，"试看其平生诗文，可曾一句道着民间痛痒？"板桥集中如《七歌》《逃荒行》《还家行》诸作，无论内容还是形式，都明显地受了杜甫现实主义诗风的影响。板桥对杜诗的沉雄也很欣赏。他反复以杜诗为标准，说明"文章以沉着痛快为最"。反之，他认为："王、孟诗原有实落不可磨灭处，只因务为修洁，到不得李、杜沉雄。"[1]"王孟高标清彻骨，未免规方略近，似顾步骅骝未

---

[1]《潍县署中与舍弟第五书》。

骋。"板桥对杜甫是那样崇拜，以至"回首少年游冶习，采碧云红豆相思料，深愧杀，杜陵老！"①

（四）陆游。板桥《前刻诗序》云："余诗格卑卑，七律尤多放翁习气。"他受陆游的影响是很大的。他在《范县署中寄舍弟墨第五书》中带着"惺惺惜惺惺"的同情探讨了陆游为什么"诗最多"而"题最少"："南宋时，君父幽囚，栖身杭越，其辱与危亦至矣，讲理学者推极于毫厘分寸，而卒无救时济变之才，在朝诸大臣皆流连诗酒，沉溺湖山，不顾国之大计，是尚得为有人乎？是尚可辱吾诗歌而劳吾赠答乎？直以《山居》《村居》《夏日》《秋日》了却诗债而已。""陆之绝口不言，免罗织也。"这些议论既是知人论世，又是借古讽今。实际上，板桥诗歌明白通俗的语言特色正由陆游化出。这一点，前人也指出过，《清代学者像传》就说板桥"诗近香山、放翁"。

板桥从兴化陆种园先生学词，陆种园在前面已有详介，故不赘述。关于词学，板桥颇有慧见卓识。《与金农书》云："作词一道，过方则近于诗，过圆则流于曲，甚矣词学之难也。"他甚至别出心裁地以戏曲角色比喻词家："词与诗不同，以婉丽为正格，以豪宕为变格。爕窃以剧场论之：东坡为大净，稼轩外脚，永叔、邦卿正旦，秦淮海、柳七则小旦也；周美成为正生，南唐后主为小生，世人爱小生定过于爱正生矣。蒋竹山、刘改之是绝妙副末，草窗贴旦，白石贴生。"据《词钞·自序》，板桥学词是"与时推移"的，他自己归纳为："少年游冶学秦柳，中年感慨学辛苏，老年淡忘学刘蒋。"现分叙于次。

（一）秦观、柳永。秦、柳都是北宋词人，柳永词极通俗，叶梦得

_____

①《贺新郎·述诗二首》。

《避暑录话》云："为举子时，多游狭邪，善为歌词，教坊乐工每得新腔，必求为辞。"柳为艳词传播四方，有"忍把浮名，换了浅斟低唱"之句。又据《词林纪事》卷六引《高斋诗话》记东坡评秦词："'销魂，当此际'，非柳七语乎？"知秦观词风近于柳永。板桥少时词作如《菩萨蛮》"留春""留秋"二首、《沁园春·落梅》，尤其是《贺新郎·有赠》记海陵冶游的情事，都缠绵悱恻，确有秦、柳艳风。说"少时游冶学秦柳"是不错的。

（二）苏轼、辛弃疾。苏轼是北宋词人。词到东坡，无论题材或风格都有很大发展。胡寅说："及眉山苏氏，一洗绮罗香泽之态，摆脱绸缪宛转之度，使人登高望远，举首高歌，而逸怀浩气超然乎尘垢之外。于是《花间》为皂隶，而柳氏为舆台矣！"足见苏词气魄之恢宏阔大。辛弃疾是南宋词人，亲身参加抗金斗争，其词务为慷慨激发以达其忠愤。板桥集中如《贺新郎·徐青藤草书一卷》《贺新郎·送顾万峰之山东常使君幕》，大声鞺鞳，说是得力于苏辛，也就无怪其然了。

（三）刘过、蒋捷。刘、蒋均系南宋词人。刘过词承苏、辛，感时忧国之情熔铸于词，语言多直截明快，有时采掇口语入词。刘熙载《艺概》云："刘改之词，狂逸之中自饶俊致。虽沉着不及稼轩，足以自成一家。"蒋捷的词工稳明白，尤其摹写家常日事，真切动人。板桥所谓"老年淡忘学刘蒋"，正是指用语平淡明白而言。如《满江红·田家四时苦乐歌》等作，对田园景物和闲适生活颇多白描，平淡清新，就正是从刘、蒋处得化工之妙的。

综上所述，无论诗或词，板桥都是学有渊源的。一般人学习古人之作，往往奉一家一派为宗主，因而终生寄人篱下，无所作为。可贵的是，板桥不但虚心向古人学习，而且有所取舍，转益多师，在继承的基础上创新，所以，其诗词创作"兼众妙之长"，在思想性和艺术性上都达到了一定的高度。

第十章　画到生时是熟时

　　板桥年事越高，绘画越趋"老境"，艺术上的"老境"，不仅是技巧上的突破，而且是个人风格成熟的具体表现。艺术的魅力就是风格，艺术的生命就是风格，郑板桥的绘画、篆刻如同其书法一样，好就好在有独特的个人风格。对于这一点，前人多有认识。蒋宝龄《墨林今话》卷一云："板桥道人郑燮……诗词书画，皆旷世独立，自成一家。"徐悲鸿跋板桥《兰竹石轴》云："板桥先生为中国近三百年来最卓绝人物之一，其思想奇、文奇，书画尤奇。"所述"一家""奇"者，即谓鲜明的个人风格。

　　以下，我们分就郑板桥的绘画、印章，探索其风格，论述其独树一帜的艺术成就。

一、心血为炉熔铸今古

我有胸中十万竿，一时飞作淋漓墨。

——题《竹》（见容庚《伏庐书画录》）

郑板桥在我国艺术史上是一位重要的画家。他的绘画，常以兰、竹、石、松、菊、梅等为描绘对象，而尤工兰竹。无疑，他的题材是较狭窄的。他在《靳秋田索画》中云："石涛善画，盖有万种，兰竹其余事也。板桥专画兰竹，五十余年，不画他物。彼务博，我务专、安见专之不如博乎？"看来，板桥的专工兰竹，是与他主张由博而精的文艺思想分不开的。而且，板桥的画多系纸本水墨，很少勾勒设色。[①]这种题材单一、没有彩晕色染的画法，很容易流于单调刻板；但是，恰恰相反，板桥以其富有创造性的劳动，给后世留下了韵味隽永、美妙无穷的作品。

板桥笔下的竹子千姿百态，无论是翠烟葱茏的新竹，古色斑驳的老竹，清亮映日的晴竹，滴沥迷蒙的雨竹，都显得瘦劲挺拔，风骨凛然。他善于用简练的线条生动地表现出竹枝的坚韧弹性和蓬勃生机；用淋漓放纵的墨色适宜地传达出竹叶的滋润青翠或历经风霜。板桥笔下的兰叶用焦墨挥毫，以草书之中竖长撇法画之，既撇得开，又收得拢。未开、初开、半开、全开的兰花，或系于悬崖，或丛生乱石，或安于乌盆，直所谓"板桥写兰如作字，秀叶疏花见姿致"，板桥笔下的石，则"有横

[①] 板桥没有设色之作传世。不过，李玉棻《瓯钵罗室书画过目考》卷三云："心泉上人藏有（板桥）绢本设色桃树直帧"；"余藏有设色菊花竹篱立帧"，证明板桥也曾画过设色花卉。

块，有竖块，有方块，有圆块，有欹斜侧块"，"有皴法以见层次，有
空白以见平整"①，甚至有时用畅笔酣墨作"一笔石"。至于构图布局
则更是千变万化，前无古人。石涛及"扬州八怪"中的李方膺和金农虽
也擅长竹石，但不像板桥那样往往将兰、竹、石生动地组合在一幅画面
中，有时此为主而彼为宾，有时此为宾而彼为主，尽情发挥，给人笔墨
之外的许多感受。

郑板桥能在文人写意画的领域取得如此突出的成就，是他几十年如
一日苦学创新的结果。《署中示舍弟墨》云："予为兰竹，家数小小。
亦有苦心，卅年探讨。"在乾隆二十三年（1758）作《竹石图轴》题诗
云："四十年来画竹枝，日间挥写夜间思。冗繁削尽留清瘦，画到生时
是熟时。"这种对艺术不懈的追求、惨淡的苦心，正是他能达到炉火纯
青的艺术境界的秘诀。然而，我们不想满足于仅仅肯定这一点，对于板
桥兰竹艺术何以能"脱尽时习，秀劲绝伦"②，下面拟作一些细致、深
入的分析。

寄托了高尚的人格美

板桥的画属于写意的"文人画"。文人画亦称"士夫画"，泛指中
国封建社会中文人、士大夫的绘画，以别于民间的和宫廷画院的绘画。
宋代苏轼提出"士夫画"，明代董其昌称道"文人之画"，抬出唐代王
维为其创始者，并目为南宗之祖。"文人画"的作者，多取材山水、花

①《题画》。

②窦镇《国朝书画家笔录》。

木，以发抒"性灵"或个人牢骚，间亦寓有对民族压迫或腐朽政治的愤懑之情。他们标举"士气""逸品"，讲求笔墨情趣，脱略形似，强调神韵，并重视文学修养，对画中意境的表达以及水墨、写意等技法的发展，有相当的贡献。梅、兰、竹、菊，自宋以来，尤其自南宋以来即被称为"四君子"。"文人画"家认为它们，还加上坚硬、玲珑、经久的石头，象征着坚贞、高洁的美德，也表现了傲岸、逸宕的为人。历史上苏轼的墨竹、郑思肖的墨兰、王冕的墨梅、徐渭及原济的兰竹，其艺术成就是很高的。封建士大夫当民族遭受压迫、国家濒临危亡之际，自己软弱无力，不能抵抗，就把这几样自然界的东西，通过中国特有的宣纸、毛笔、彩墨，赋予某些新的思想感情，表示对现实的不满和对统治阶级的不合作。于是，在"清高""幽洁""虚心""隐逸"等特定的基本性质之外，"四君子"和石头的艺术形象又丰富了许多新的因素。这是中国画史上爱国主义画家的优秀传统。板桥对此是深有体会的。《题屈翁山诗札、石涛石溪八大山人山水小幅，并白丁墨兰共一卷》云："国破家亡鬓总皤，一囊诗画作头陀。横涂竖抹千千幅，墨点无多泪点多。"开头两句概括叙述了这些遗民画家的身世。屈翁山即屈大均，明亡后，曾从桂王武装抗清，失败后在杭州做了和尚。善诗文，是"岭南三大家"之一。石涛原名朱若极，八大山人原名朱统𨨏，都是明皇族后裔，入清后为僧。石溪是著名山水画家，和尚。这些人都不愿与清政府合作而遁入空门、寄情丹青。后两句是传神之笔，深刻地揭示了这些艺术品中蕴含的反抗精神。应该说，板桥自己的专工兰竹石，也有着和屈大均、石涛等人一脉相承的思想感情。他是如此的喜爱兰竹石，他说："四时不谢之兰，百节长青之竹，万古不败之石，千秋不变之人，写三物与大君子为四美也"；"兰竹石，相继出，大君子，离不得"；
"一竹一兰一石，有节有香有骨。满堂君子之人，四时清风拂拂"①。
他在《竹石图轴》的题画中更对竹尽情礼赞：

> 盖竹之体，瘦劲孤高，枝枝傲雪，节节干霄，有似乎士君子
> 豪气凌云，不为俗屈。故板桥画竹，不特为竹写神，亦为竹写生。
> 瘦劲孤高，是其神也；豪迈凌云，是（其）志也；依于石而不囿于
> 石，是其节也；落于色相而不滞于梗概，是其品也。

这是竹子的礼赞，也是一个孤傲、高雅、有气节、不得志的封建士
大夫文人的自我表白。总之，板桥喜爱、擅长画兰竹石，是因为他认为
兰竹石表现了顽强不屈、坚韧不拔、正直无私、苍劲豪迈、虚心向上的
人格美。这是他的兰竹艺术取得成就的感情基础。

以造物为师

板桥《题画》云："古之善画者，大都以造物为师，天之所生，即
吾之所画。"生活是艺术创作的源泉，郑板桥的兰竹艺术是得之于生
活的。蒋士铨《题郑板桥画兰送陈望亭太守》云："君生兰渚旁，熟
精种艺方。"扬州之地多竹，扬州之人也爱养兰。前面第三章及第四
章已叙及，从童年到青少年，板桥就生活在竹荫的怀抱里，他爱竹成
癖，风中雨中倾听它的声音，日中月中观看它的倩影，诗中酒中对它抒

---

① 《题画》。

发感情，闲中闷中以它作为伴侣。他也很爱兰石。他养兰，熟悉兰。如《题画》云：

> 余种兰数十盆，三春告暮，皆有憔悴思归之色。因移植于太湖石、黄石之间，山之阴，石之缝，既已避日，又就燥，对吾堂亦不恶也。

由于他熟悉兰竹的生长规律，也就捕捉得到兰竹的千姿百态，也就能够"我有胸中十万竿，一时飞作淋漓墨"了。

可贵的是，板桥不是形式主义地重复自然物，而是苦心孤诣地将生活中竹的自然形象变成艺术形象。有一则《题画》生动地记叙了这个过程：

> 江馆清秋，晨起看竹，烟光日影露气，皆浮动于疏枝密叶之间。胸中勃勃遂有画意。其实胸中之竹，并不是眼中之竹也。因而磨墨展纸，落笔倏作变相，手中之竹又不是胸中之竹也。总之，意在笔先者，定则也；趣在法外者，化机也。独画云乎哉！

按"胸有成竹"是中国画论中的一句名言。苏轼《文与可画筼筜谷偃竹记》中转引画家文与可的一段话说："竹之始生，一寸之萌耳，而节叶具焉。……今画者乃节节而为之，叶叶而累之，岂复有竹乎？故画竹必先得成竹于胸中，执笔熟视，乃见其所欲画者，急起从之，振笔直遂，以追其所见，如兔起鹘落，少纵则逝矣。"比较起来，板桥的《题画》更透彻精辟。它说明了审美主体与审美客体的结合和统一的过程。首先，要对客观事物和自然景象进行深入、细致的观察，才能在画家的脑际形成独特的感受（眼中之笔）。然后，要在此基础上，进一步思考客观事物和自然景象的内在联系与本质特征，使之凝练、提高、概括成饱含艺术家思想感情的艺术意象（胸中之竹）。最后，充分发挥中国画纸、笔、墨、水的功能，将"胸中之竹"用娴熟高明的艺术技巧表现出来，塑造成主客观统一的艺术形象。这实际上是一个从自然美到艺术美的创造过程。显然，这样创造出来的"手中之竹"已经是人格化的竹子了。

板桥《题画》云："凡吾画竹，无所师承，多得于纸窗粉壁日光月影中耳。"他以造化为师，故更能得真意。他画的又是属于豪放一路的写意兰竹，故非常强调一任自然，出以意境。意境，指将所描绘的具体可感的自然景物和丰富强烈的思想感情融合一致而产生的艺术境界，板桥所谓"意在笔先者，定则也；趣在法外者，化机也"，所谓"为竹写神"，即指意境而言。如他画一幅墨竹，满纸由下而上，画了十多根粗细不等、干湿不一、浓淡不匀的光竿竹枝，仅仅中间两三枝新竹有嫩叶迎风飞动。再题上诗："不过数片叶，满纸俱是节。万物要见根，非徒观半截。风雨不能摇，雪霜颇能涉。纸外更相寻，干云上天阙。"使人看了这幅画，顺着节节向上的竹竿，思绪被引向了画外。诚如另一则《题画》所云："画有在纸中者，有在纸外者，此番竹竿多于竹叶，其摇风弄雨，含露吐雾者，皆隐跃于纸外乎？"这正是"手中之竹"具有的意境美的生动说明。

转益多师

艺术有其一定的继承性，对于民族风格很浓郁的中国画来说，更是如此。中国画的传统风格和传统技法是源远流长的，没有继承就没有发展。郑板桥虽然说过："凡吾画竹，无所师承"，但是，实际上，他一面从生活中学习，一面也汲取传统的艺术营养，借鉴传统的艺术实践，从而将生活与传统结合起来，熔古今于一炉，创造了"无古无今之画"。我认为，在这方面，板桥有两点做得很突出。

首先是自觉地转益多师，《题画》云："平生爱所南先生及陈古白画兰竹。既又见大涤子画石，或依法皴，或不依法皴；或整或碎，或完或不完，遂取其意构成石势，然后以兰竹弥缝其间，虽学出两家，而笔墨则一气也。""学出两家"就是转益多师的具体实践。

板桥临摹过文与可、苏轼的墨竹。历来认为他画竹"绝似文湖州"①，"神似坡公"②。他还取法黄庭坚，赞叹道："鲁直不画竹，然观其书法，罔非竹也。瘦而腴，秀而拔，欹侧而有准绳，折转而多断续，吾师乎！吾师乎！"③对宋遗民画家郑思肖的人品画艺，板桥也极为推崇，他认为"兰竹之妙，始于所南翁"，自称"所南翁之后"。板桥尤其服膺明代画家徐渭，他觉得"青藤才横而笔豪，而燮亦有倔强不驯之气，所以不谋而合"④。他甚至刻了一方印"青藤门下牛马走"，以献奉私淑之千古心香。对于同时代画家石涛、八大、高其佩、李鱓等人，板桥也是虚心学习其长处。他曾经慨叹："甚矣石公不可及也！"为李鱓已故，"不复有商量画事之人"而苦恼。可见他学习之至诚。

其次是"选佳为师"，略其迹而"师其意"。在这种转益多师的学

---

① 金农《冬心自写真题记》。
② 叶恭绰《清代学者像传》。
③④⑤《题画》。

习中，板桥认识到"古之善画者，大都以选佳为师"⑤。他以学习石涛为例："石涛和尚客吾扬州数十年，见其兰幅，极多亦极妙。学一半，撇一半，未尝全学，非不欲全，实不能全，亦不必全也。"①学习传统，当然不能生搬硬套，一味模仿；而必须"十分学七要抛三"，既要按照自己的个性禀质去取舍古人，又要在学习中探索自己的个性，表现自己的个性。

这种"选佳为师"的极致就是略其迹而"师其意"。板桥说得好："郑所南、陈古白两先生善画兰竹，燮未尝学之；徐文长、高且园两先生不甚画兰竹，而燮时时学之弗辍，盖师其意，不在迹象间也。"②板桥画竹已臻绝境，而徐渭又"不甚画兰竹"，但板桥精心研习徐渭的雪竹笔法："徐文长先生画雪竹，纯以瘦笔、破笔、燥笔、断笔为之，绝不类竹，然后以淡墨水钩染而出，枝间叶上罔非雪积，竹之全体在隐跃间矣。"实际上，板桥的画竹瘦而腴，秀而拔，清光拂面，潇洒逼人，不仅超过了徐渭，而且笔法、章法也不是青藤一路，这当然只可从"师其意"来领会。板桥从徐渭用瘦笔、破笔、燥笔、断笔来抒发"倔强不驯之气"，探索自己如何巧妙地吸取其笔意，来抒发自己的胸中块垒。"师其意"就是取"神似"。昔人对此已有认识，戴熙《题画偶录》即云："板桥意最阔，吉金气亦豪。两君取神似，俱是九方皋。"

熔诗、书、画、印为一炉

板桥的兰竹艺术之所以能取得较高的成就，一个很重要的原因是他善于将诗、书、画、印结合起来，体现了中国艺术的立体感。张维屏《松轩

①②《题画》。

随笔》云："板桥大令有三绝，曰画、曰诗、曰书。三绝之中又有三真，曰真气、曰真意、曰真趣。"诗、书、画、印是中国独特的艺术形式，板桥在这几方面的造诣都是相当高的。而更加可贵的是，他能把诗、书、画、印有机地结合起来，成为一个思想整体的几种不同的表现形式。板桥画必题款，题款十九题诗，书写则长长短短，正正斜斜，或上或下，或左或右，或夹于画中，灵活变化，都是用他那独特的"六分半书"，那种掺以书法用笔的画与掺以绘画用笔的字，和谐一致，不可分离，再加上具有狂怪风格的诗文和放纵跌宕的印章，形成了与众不同的板桥兰竹艺术，试想如果将板桥的画换上金农或其他书家的字，或者去掉诗文题款，那也就无所谓板桥画了。蒋宝龄《墨林今话》卷一谓："板桥题画之作，与其书画悉称，故觉妙绝，他人不宜学也。"可见熔诗、书、画、印为一炉正是板桥艺术的重要特征。

中国画史上，院画家一般是不题款的。即使题款也仅书"臣"某某。北宋"士夫画"产生后，文人画家大多工书能诗，所画又多涉笔成趣，有时画面只几点水墨，正靠题款改变布局，发挥画意，舒展才情。这样，所题与所画互相辉映，再加上作者人品、气节、学问、思想综合而观之，便觉高逸超妙，耐人寻味，这就是富有"书卷气"的作品了。这也是文人画与院画异趣之处。而这，也就要求作者具有除绘画的笔墨技巧以外的才、识、学，俗称"三分画七分题"，即此之谓。历代的书画家都力图把诗、书、画、印结合起来，苏轼、文同、米芾、赵孟頫、沈周、文徵明、石涛和扬州画派的一些画家都曾在这方面做过一些探索。明代沈灏《画麈》云："题与画互为注脚，此中小失，奚啻千里！"这一方面说明了题款的学问很深，另一方面，"互为注脚"也就是说题款与绘画互为补益。以下，我拟略叙板桥题、画是如何互补，亦即在他笔下诗、书、画、印是如何结合的，钩稽其特色。

板桥善于借题款抒怀论世，开拓画境。绘画和诗歌是两种不同种类的艺术。中国画论很早就开始了对它们之间的关系的研究。所谓"味摩诘之诗，诗中有画；观摩诘之画，画中有诗"；所谓"诗是无形画，画是有形诗"，都是探讨诗画之间在艺术实践中相互表现的美学关系的著名议论。绘画反映生活的手段是色彩和线条，直接诉诸人们的视觉，属造型艺术，又叫空间艺术；而诗反映生活的手段则是语言，虽然人们阅读时要通过视觉，但它主要是语言艺术，或时间艺术。绘画艺术的特性和局限不仅在于它的直接的形象受到可见事物的限制，而且还在于在同一幅画中不能实际地表现出事物的一种连续性的活动。这是因为绘画本身是一种空间性的艺术，它只能表现在空间中并列或交错的同一时间之内存在的事物。而诗歌是一种时间性的艺术，它能表现出事物或心理的复杂而又持续的变化过程，板桥的许多绘画作品，正是通过或诗或文的题款，阐述自己标新立异的艺术见解，抨击当时的现实。他"取乌丝百幅，细写凄清"，申明"借君莫作画图看，文里波澜，字里机关"，就是力图发挥诗歌这一时间性的艺术的特点，将画境引向深远，抒发自己各种复杂的心情。如他画了一幅破盆兰花图，题诗曰："春雨春风写妙颜，幽情逸韵落人间。而今究竟无知己，打破乌盆更入山。"看到画面上秀逸绝伦的兰花，人们也感受到板桥慨叹知音稀少、追求个性解放的精神。他的《墨竹图》，画面是一枝因风倒悬的竹枝，历经风雨霜雪，但生枝苍劲有力，竹叶逆风翻卷，清高傲岩，凛然不可犯。那题诗是："一阵狂风倒卷来，竹枝翻回向天开。扫云扫雾真吾事，岂屑区区扫地埃！"印章是"樗散""横扫"。这种以竹枝自况，壮志凌云而又不为世用的满腹心事，通过诗、书、画、印恰到好处地表现了出来，构成了画面丰富的美学意蕴。这当然是单一的绘画不能达到的。

板桥还善于借题款、印章改变绘画的布局，形成独特的别具趣味的构思构图。板桥认为写字应有行款，有浓淡，有疏密。他题在画上的字，更牢不可分地成为画中的血肉或骨干。如他有一幅《墨竹图》，在画面的右下侧，歪歪斜斜地伸出几枝瘦竹，在竹影掩映中，原应补上几笔他那特有的"丑而雄""丑而秀"的石块的地方，他却题上几行醉步踉跄的"六分半书'：

今日醉，明日饱，说我情形颇颠倒，那知腹中皆画稿。画他一幅与太守，太守慌慌锣来了。四方观者多惊异，又说画卷画的好。请问世人此中情，一言反复何多少？吁嗟乎！一言反复何多少。以字作石补其缺耳。

那字迹不仅像峰峦上的皴法一样，衬托出潇湘修竹的秀美，而且还展现了作者那嘲讽俗世的机锋和醉态。这种大胆的创造的确是前无古人的。

板桥的绘画对后世的影响是很巨大的，他属于开一代画风的人物。当时就有很多人模仿、学习他的兰竹画法。像徐珂《清稗类钞》所记载的"理氏昌凤"，《板桥先生印册》所记载的"朱青雷"，都深得板桥笔意；小横香室主人《清朝野史大观》所记载的潍县木工甚至还达到了"亦足乱真"的地步。近百年来，虚谷、赵之谦、任颐、吴昌硕、陈师曾、齐白石、潘天寿、傅抱石、李苦禅等都曾受其影响。板桥艺术不仅是中华民族的宝贵文化遗产，而且走向了世界，越来越多地被各国人民所欢迎和喜爱。

二、篆刻

砚田生计

——郑板桥为高凤翰治印文

康、雍、乾时代，正是篆刻艺术的高潮时代。板桥的书画用印之多，在扬州画家中是首屈一指的。别人一般画面只钤两三方印，板桥则常用五六方，甚至有些画多达十一二方。他不仅敢用，而且布局恰到好处。有人统计，他使用的印章不下百多方，其内容大致可分四类：

（一）说明家世身份，如"郑大""板桥""雪婆婆同日生""扬州兴化""麟鹄""板桥道人"等。

（二）表明学资经历。如"康熙秀才雍正举人乾隆进士""潍夷长""十年县令""二十年前旧板桥""七品官耳"等。

（三）阐明艺术主张。如"青藤门下牛马走""郑为东道主""心血为炉熔铸今古""游思六经结想五岳"等。

（四）慨叹现实世态。如"畏人嫌我真""俗吏""动而得谤名亦随之""恨不得填漫了普天饥债""富贵非吾愿""樗散"等。

这些印章真是"切姓切地切事"，与绘画、题诗、书法交响共鸣，顽强地表现了板桥自己的形象。但是，这些印章大部分是他人代刻，并且代刻者众多。据阮元《广陵诗事》卷九云：“郑板桥图章皆出沈凡民凤、高西园凤翰之手。”曾衍《小豆棚杂记》云：“郑有印章数十方，如‘橄榄轩’‘七品官耳’‘鹪鹩’‘二十年前旧板桥’，皆别致，大半吾乡朱文震所刻。”1962年第8期《雨花》载卞孝萱先生《板桥先生印用》，介绍了郑板桥的逸文，其中记载了代板桥治印者有潘西凤、沈凤等十九位篆刻家。这是名见于经传的，而实际上的“操刀者”恐怕还不止这个数目。

尽管有别人代刻，然而可以肯定，板桥是擅长刻印的，按清代秦祖永《桐阴论画》卷下云：“（板桥）善刻印，笔力古朴，接近文、何。”秦祖永还将板桥所刻的十二方印章，即“留伴烟霞”“砚田生计”“修竹吾庐”“活人一术”“桃花潭”“更一点销磨未尽爱花成癖”“恬然自适”“花萝绿映衫”“大吉羊”“明月前身”“茶烟琴韵书声”“思古”，与丁敬、金农、黄易、奚冈、蒋仁、陈鸿寿所刻印章及其边款辑为《七家印跋》。其中“砚田生计”一印跋语云：“西园左笔寿门书，海内朋交索向余。短札长笺都去尽，老夫赝作亦无余。西园工诗画，尤善印篆，病废后，用左笔书画更奇。余作此印赠之，竟忘其雷门也。郑燮并志。”这是板桥送给右手病废后的高凤翰的。据此可知板桥确精于篆刻。然而，因为以上二十方印章已不可见，故无从得知板桥篆刻的具体风貌；但秦祖永将板桥与丁敬等合称“雍嘉七子”，想必他的治印风格亦属“浙派”一路。

至于《板桥先生印册》中未著录的印章，周积寅《郑板桥书画艺术》列出三十余方。这中间肯定有板桥自刻，也有别人代刻，很难据以推断板桥篆刻的风格。

第十一章　梦醒扬州一酒瓢

一、文人相亲

莫以青年笑老年，老怀豪宕倍从前。

——《再和卢雅雨四首》

　　"春雨春风写妙颜，幽情逸韵落人间。而今究竟无知己，打破乌盆更入山。"[①] 解职以后，板桥的心早已如诗中的兰花一样破盆而飞，飞向了瓜洲江岸、烟雨虹桥，飞向了旧居李氏小园寓楼。在骑驴南下的途中，他接到杨州秀才李啸村送来的对联："三绝诗书画，一官归去来"，更增添了一种海阔天空、鱼跃鸟飞的豪情。

　　这时，板桥的好友李鱓也已退出官场，住在家乡兴化浮沤馆。按《重修兴化县志》（咸丰壬子刊本）云："李复堂鱓因其地之幽僻，曾构楼阁数椽，缀以花草，以为退休之所。赋诗作画，日与诸名士啸傲其

---

　　①《题破盆兰花图》。

219

间，号曰浮沤馆。郑燮在山左寄诗云：'待买田庄然后归，此生无分到荆扉。借君十亩堪栽秫，赁我三间好下帏。柳线软拖波细细，秧针青惹燕飞飞。梦中长与先生会，草阁南津旧钓矶。'"这一次，板桥算是实现了他的夙愿。罢官回来后，他先回家乡兴化，在浮沤馆旁建造了一座别业——拥绿园。拥绿园环境幽雅，三间茅屋，四围绿竹，板桥终日在里面写字作画，高朋过往，觉得很轻松愉快。下面两段文字，就是他对于这段生活的记述：

　　旧诗书是我有缘物，新见闻是我最乐事。高朋满座，能为破愁城之兵；绿竹横窗，可作入诗囊之料。以此永日，不知乌兔升沉；借此怡年，亦任燕鸿来往。无心不在远，得意不在多。盆池拳石，居然有万里山川之势；片言只语，宛然见千古人物之心。

（《闲居赋》）

　　三间茅屋，十里春风，窗里幽兰，窗外修竹，此是何等雅趣，而安享之人不知也。懵懵懂懂，绝不知乐在何处。惟劳苦贫病之人，忽得十日五日之暇，闭柴扉，扫竹径，对芳兰，啜苦茗，时有微风细雨，润泽于疏篱仄径之间；俗客不来，良朋辄至，亦适然自惊，为此日之难得也。凡吾画兰、画竹、画石，用以慰天下之劳人，非以供天下之安享人也！

（《"恬然自适"印跋》）

在晚年，板桥虽经常来往于扬州、兴化之间，但仍以在扬的时日居多。他还是住在二十年前的旧地——李氏小园。这段时间是郑板桥书画艺术的成熟期。板桥与汪士慎、黄慎、高翔、李鱓、金农、李方膺、罗聘诸人游，形成了名闻中外的扬州画派，俗称"扬州八怪"。"八怪"的说法见之于书的，最早是汪鋆的《扬州画苑录》。除指明李鱓和李葂外，汪氏并没有列举八怪的姓名。并且，汪氏所说的"八怪"，完全是近于污蔑的贬意。后来清末李玉棻的《瓯钵罗室书画过目考》则带着崇敬之情，提到郑燮、金农等八人的名字。总之，"八怪"所包含的八位画家，历来解释多有不同。至于在扬州方言中，"八怪"是敬称、昵称，含有思想出格、技艺出奇之意，就像人们称号唐代大书法家张旭和怀素为"张癫素狂"一样，就不一定实指八人了。

人事沧桑。板桥罢官南归后，他的朋友也有了很大的变化。汪士慎在六七年前就病瞎了左眼。这个布衣画家给自己取了一个新号"左盲生"，对朋友豁达地说："衰龄忽尔丧明，然无所痛惜，从此不复见碌碌寻常人，觉可喜也。"[1] 肉眼失明了，他就专心一意地运用"心眼"，"心眼"所见往往更本质，更别有见地。他不仅依然画梅，而且悬腕作狂草。金农的腿跛了，人也颇显憔悴，但还是那样豪迈脱俗。最初，还有一个哑妾服侍他；不久，他遣去了哑妾，带着一只瘦鹤寄居在扬州旧城的西方寺中，自称"如来最小弟子"，又号"心出家庵粥饭僧"，吃斋、礼佛、手不停挥地画佛。他笑着对板桥说："写经之暇，画佛为事。七十衰翁，非求福褆，但愿享此太平，饱看江南诸寺门前山色耳。"[2] 李方膺住江宁项氏园，每天与袁枚、沈凤翰游览名山，人们

---

① 见《冬心三体诗》。

②《冬心画佛题记》。

叫他们"三仙出洞"。时不时，他也来扬州住住。高翔衰老得更快。他少年时面聆过石涛的教诲，石涛死后，每年寒食，高翔总是孤零零地到蜀冈北麓的荒烟蔓草间去扫墓凭吊。在板桥回扬的第二年，他就离开了人世。这些故旧的状况当然使板桥叹息。但是，罗聘、项均等后进的异军突起，又使他颇觉欣慰。罗聘是金农的弟子，他自称能白昼见鬼，"凡居室及都市，憧憧往来不绝"。曾画有一幅古今罕匹、荒诞狂肆的《鬼趣图》。

板桥常和这些朋友一起切磋书道画艺。这次重返扬州后，板桥发现黄慎越来越爱画仕女、神仙和佛像，他可以打破画具与材料的限制，指、笔并用，并且笔势雄浑，笔法简洁，气魄摄人！金农原精书法，吸取《天发神忏碑》和《国山碑》的神韵，潜心创新，形成号称"漆书"的新书体。并且，他五十多岁才开始作画，常以淡墨干笔画花卉，别具风格。李鱓的画原来设色清雅，有"水墨融成奇趣"的特色，但板桥觉得近几年他的笔势明显衰退了。倒是罗聘借鬼讽世，正如有人题《鬼趣图》云："肥瘠短长君眼见，与人踵接更肩摩。请君试说阎浮界，到底人多是鬼多？"板桥认为自己能理解罗聘的寄托。板桥年事越高，对于绘画的原则越潜心探讨："四十年来画竹枝，日间挥写夜间思，冗繁削尽留清瘦，画到生时是熟时。"板桥发现，他自己的画风也在转变，他在一则题画中云：

> 始余画竹，能少而不能多；既而能多矣，又不能少。此层功力，最为难也。近六十外，始知减枝减叶之法。苏季子曰：简练以为揣摩。文章绘事，岂有二道！此幅得简字诀。

较之以前，他的画风更苍劲简洁了。在与画友切磋时，板桥很诚恳地说过，论画，他题材较窄，不如李鱓；论诗，高翔、金农、汪士慎学富才高，风格鲜明，是一时佼佼；论书，黄慎醇厚、冬心古拙，与自己的六分半书各擅胜场。"八怪"经常在一起游玩，作诗绘画。参与交游的还有华嵒、高凤翰、陈撰、闵贞、边寿民等画家。这时的扬州画坛真是群星灿烂，辉耀华夏！

乾隆十八年（1753），板桥的好友卢见曾再度出任两淮盐运使。卢在途中寄诗给板桥云："一代清华盛事饶，冶春高宴各方镳。风流暂显烟花在，又见诗人郑板桥。"他自然成了主持扬州风雅的人物。

历来扬州的官吏有不少自己就是诗人文豪，如欧阳修、苏东坡、王士禛等，他们经常大会东南文士，诗酒唱和。扬州名胜平山堂就是欧阳修所筑，按《避暑录话》载：

> 欧阳文忠公在扬州，作平山堂，壮丽为淮南第一。堂踞蜀冈，下临江南数百里，真、润、金陵三州隐隐若可见。公每暑时辄凌晨携客往游，遣人走邵伯取荷花千余朵，插百许盆，与客相间。遇酒行，即遣妓取一花传客，依次摘其叶，尽处则饮酒。往往浸夜，载月而归。

卢见曾当然继承了这一"传统"。平山堂也是他们经常游宴之地，板桥《平山宴集诗》曾云："江东豪客典春衫，绮席金樽索笑谈"，即可资佐证。不过，板桥及其朋友们活动的主要地点还是虹桥。乾隆二十七年（1762）板桥的一则《题画》云："日日红桥斗酒卮，家家桃李艳芳姿。闭门只是栽兰竹，留得春光过四时。"足见去虹桥足迹之勤。横跨瘦西湖上的红桥初建于明末，原是木桥，因桥上的红色栏杆而得名。乾隆年间将木桥改为石拱桥，像一道彩虹飞跨湖上，遂称虹桥。王渔洋曾生动地描述说："出镇淮门循小秦淮折而北，陂岸起伏，竹木翳郁，人家多因水为园亭溪塘，幽窈明瑟，颇尽四时之美。拏小艇循河西北行，林下尽处，有桥宛然，如垂虹下饮于涧，又如丽人倩妆照明镜中，所谓红桥也。"① 板桥和朋友们最大的文事活动，莫过于乾隆二十二年（1757）的虹桥修禊。

修禊是旧时的一种带有游戏性质的迷信祭典。每年三月三日人们集会水边，洗去不洁，也驱除不祥。尤其是晋代王羲之作了《兰亭序》，更使这个民间节日蒙上了一层典雅的色泽。虹桥临波跨水，景物宜人，正是修禊佳地。康熙元年（1662）三月三日，"昼了公事，夜接词人"的风流推官王士禛在此大会在扬名士。王士禛即席赋《浣溪沙》三首，大家纷纷唱和，后成《倚声初集》，有注云："红桥词即席赓唱，兴到成篇，各采其一，以志一时胜事。当使红桥与兰亭并传耳。"乾隆二十二年虹桥修禊的主持人是两淮盐运使卢见曾。为了借助东南文士壮己声威，卢见曾发起了这次活动。他分别用尤、仙、东、庚韵作七言律四首，据记载一时和者七千余人，编次得三百余卷，是继王士禛后扬州诗坛的一次壮举。板桥有《和雅雨山人红桥修禊》《再和卢雅雨四首》七律八首。《再和》之三云：

> 别港朱桥面面通，画船西去又还东。曲而又曲邗沟水，温且微

---

① 王渔洋《游记》，见于《扬州画舫录》。

温上巳风。放鸭洲边烟漠漠，卖花声里雨漾漾。关心民瘼尤堪慰，麦陇青葱入望中。

可见这位去职县令，在诗酒流连、觥杯酬酢中，仍然不忘民瘼国事，关心麦陇青黄。这在当时的虹桥修禊诗中是很难能可贵的了。

二、纵横议论析时事

文章动天地，百族相绸缪；天地不能言，圣贤为咙喉。

——《偶然作》

愈到老年，郑板桥愈是经常陷入艺术的沉思，他的艺术观点也愈来愈鲜明。

郑板桥生活的康、雍、乾时期是清王朝的"全盛时期"。通过对各族人民，尤其是对汉族人民的血腥镇压，清政府统治较稳定了，从而经济日趋繁荣，社会日渐安定。与此同时，对于知识分子，清统治者采取麻醉与镇压相结合，在"博学鸿词"科的招牌下，大兴史无前例的文字狱。总之，所谓"康乾盛世"，民族矛盾和阶级矛盾并没有缓和下来，只是被一些虚假现象暂时掩盖着罢了。相反，封建社会本身所不可克服的许多弊病正越来越充分地暴露出来，中国漫长的封建社会即将走到它的尽头了。

在这样一个封建社会的"回光返照"时期，中国知识界的反映是很消极的。一方面，统治阶级诱胁"艺文之士"为他们粉饰太平；另一方面，知识分子也要求全身远祸。于是，知识分子中有些人沦为统治者的帮凶鹰犬，有些人成为了当权者的学舌鹦鹉；大部分人或醉心科举制艺，埋头故纸；或沉湎金石考据，逃避现实。诗坛上，王士禛、沈德潜论诗标"神韵""格调"，创作求"超脱""拟古"，形成日益脱离现实内容的形式主义诗风。书坛上，"馆阁"流行，呆板臃肿，毫无生气。画坛上，北方有"四王吴恽"，南方有"金陵八家"，他们以黄公望为远祖，以董其昌为近宗，模古袭古，形成了"人人大痴，个个一峰"的僵化局面。

郑板桥才识过人，诗书画三绝，对于当时文艺界的状况，他是颇感不满的。他的同乡、朋友杭世骏任翰林编修时，板桥写信说：

> 君由鸿博，地处清华，当如欧阳永叔在翰苑时，一洗文章浮靡积习，慎勿因循苟且，随声附和，以投时好也。数载相知，于朋友有责善之道，勿以冒渎为罪，是所冀于同调者。

信中劝杭世骏利用所处地位，学习欧阳修发起一个诗文革新运动。据此可以推测，板桥是有较鲜明的艺术观点的。可惜他没有专文论述自己独到的见解。他的见解大多在家书、书画之中，加以阐述，精辟简洁，意义深远。以下试对郑板桥的文艺思想勾勒粗略的轮廓，以期引起更多的注意和深入的研讨。

"用以慰天下之劳人"

郑板桥是自觉地注意作品的人民性的，关心民生疾苦是他创作的主旨。他曾在《印跋》中说："凡吾画兰、画竹、画石，用以慰天下之劳人，非以供天下安享人也。"按《诗·小雅·巷陌》："骄人好好，劳人草草。"劳人指下层民众，既包括失意的知识分子，也包括农夫、商贩。板桥主张著书论文一定要关心民生，他在《潍县署中与舍弟第五书》中对王摩诘、赵子昂辈直言批评："试看其平生诗文，可曾一句道着民间痛痒？"这是一般的士大夫所不可能有的思想。这个思想的形成，是与板桥的出身、教养、经历分不开的。

板桥出自没落地主家庭，从小就过着穷困的生活。从幼年到少年，他受到乳母费氏的教养、熏陶，劳动人民善良、忠厚、纯真、质朴的优秀品质对他的思想形成影响是很大的。步入仕途后，他在山东做了十二年的七品县令，了解到民间的疾苦，灾荒年头又亲见灾民惨状。最后终因为饥民请赈，顶撞大吏，罢官回乡。在板桥的世界观中有很鲜明的重农思想，关于这一点，本书在前面已详细叙述。这里需要指出的是，这种思想，正是"用以慰天下之劳人"的创作目的的基础。

板桥创作的人民性，表现是多方面的。他是位著名画家，"终日写字作画，不得休息"，但却不肯为权贵富豪作画，"豪贵家虽踵门请乞，寸笺尺幅，末易得也"[1]。他的诗文重视反映人民生活的题材，如《姑恶》《孤儿行》《后孤儿行》通过描写小媳妇和孤儿的非人遭遇，揭露了封建宗法制度的罪恶。《悍吏》《私刑恶》《逃荒行》《还家

---

[1]《墨林今话》卷一。

行》展示了农民的悲惨生活图卷，指出贪官污吏的虐民害物是人民受苦的根源。《范县诗》则用通俗、清新的语言，反映了农民男婚女嫁、春种秋收的淳朴的生活。这些诗作都爱憎分明、感情真挚，毫无矫揉造作之态。他更把诗、书、画统一起来，"慰天下之劳人"。如潍县大灾之年，板桥画了《风竹图》，题诗云"衙斋卧听萧萧竹，疑是民间疾苦声。些小吾曹州县吏，一枝一叶总关情。"板桥诗画作品的人民性正是"板桥体"的精髓，也是扬州八怪中其他七位不能与之颉颃之处。

因为在板桥心中，人民占有重要的地位，所以他时常注意维护人民的利益。《思归行》描绘了山东大灾中畜尽人亡的惨象，然后笔锋一转，挑开了最高统治者假仁假义的面纱："何以未赈前，不能为周防？何以既赈后，不能使乐康？何以方赈时，冒滥兼遗忘？"一字一句，饱含热泪，为民请命，义正词严。不仅对"吾君"，对朋友也是如此。乾隆二年春夏间，高邮知州傅椿驾舟至兴化访板桥，板桥称颂傅在乾隆元年救灾中的贡献，说傅"生死同民命，崎岖犯世嫌"[①]；乾隆二十年，两淮盐运使卢见曾主持虹桥修禊，板桥勉励卢"关心民瘼尤堪慰，麦陇青葱入望中"[②]，把对人民的好坏视为评价人物的标准。不仅对"吾君"和朋友如此，就是对自己，板桥也常常反省："看眼前何限贤劳辈，空日费，官仓米"[③]；"惭愧村愚百姓心"[④]；这些作品和议论都表示了对人民利益的维护和尊重。

为了使自己的艺术实践更好地贯彻"用以慰天下之劳人"的创作目

①《赠高邮傅明府并示王君廷》。
②《再和卢雅雨》。
③《贺新郎·食瓜》。
④《喝道》。

的，板桥在艺术形式上也大胆接近群众。这一点在诗词创作上很明显。他的诗词明白如话，很少用典，有时以俗事俗语入诗，并且有意识地运用民间流行的道情、竹枝词等艺术形式，刻画社会下层人民的思想风貌。

当然，由于时代和阶级的局限，郑板桥只是以一个善良、正直的下层官吏的身份对人民大众满怀同情，他不可能在立场上和人民一致。所以"用以慰天下之劳人"和今天我们提出的"文艺为人民大众服务"是根本不同的。

"纵横议论析时事"

郑板桥继承了《诗经》以来的现实主义优良传统，提出了"纵横议论析时事"的主张。

板桥生活的康、雍、乾三世，王士禛的"神韵说"和沈德潜的"格调说"等形式主义、拟古主义诗风在诗坛上风行炽盛。王士禛（1634—1711）主盟清初文坛约半个世纪，他提出的"神韵说"对纠正艳丽诗风起过积极作用；但它回避和脱离现实生活，以艺术风格上的所谓"含蓄""冲和""淡远"等，反对诗歌反映社会现实内容，其实代表着大官僚地主阶级的政治利益和艺术趣味。虽然在板桥十八岁时，王士禛即以七十七岁的高龄去世，但"神韵说"对当时文风的影响仍是巨大的。比板桥年长二十岁而又晚逝四年的沈德潜（1673—1769）继王为文坛领袖。沈氏提倡"格调说"，表面上也主张写"真"、写"意"，但一味强调"温柔敦厚"的诗教，所谓"讽刺之道，直诘易尽，婉道无穷"，重视模古拟古，轻视创造，因而陷入更深的形式主义泥坑。

面对着王、沈二人的显赫身世和盖世文名，面对着风靡一时的"神韵说"和"格调说"，郑板桥保持了可贵的独立性。他继承了明末顾炎武"经世致用"的观点，不仅以自己的诗文书画等艺术实践与王、沈大异其趣，而且在理论上给予了激烈的批评。板桥在一些书信、文章中把这些"拾古人之余唾"的拟古主义、形式主义文人斥之为"世间娻娻纤小之夫"，说这些"本朝文章"足以使"诸葛怀羞，高人齿冷"。他还在诗文中对此发出愤激冷峭的嘲笑，将他们的盲目师法古人比为婢学夫人："读书必欲读五车，胸中撑塞如乱麻。作文必欲法前古，婢学夫人徒自苦。"① 他还在《偶然作》中说：

……名士之文深莽苍，胸罗万卷杂霸王。用之未必得实效，崇论闳议多慨慷。雕镂鱼鸟逐光景，风情亦足喜且狂。小儒之文何所长，抄经摘史饐饤强；玩其词华颇赫烁，寻其义味无毫芒。弟颂其师客谈说，居然拔帜登词场。初惊既鄙久萧索，身存气盛名先亡。辇碑刻石临大道，过者不读倚坏墙。

诗中所痛斥的那些脱离现实、玩弄文字而名盛文坛的人物，正是指"神韵说""格调说"的倡导者和追随者。

更可贵的是，板桥对这些恶劣文风是有破有立的。前引《偶然作》的开头四句云："英雄何必读书史，直摅血性为文章。不仙不佛不贤圣，笔墨之外有主张。""主张"是什么？《偶然作》中并未说明。但是，板桥的其他诗文、书信中是说得很明白的。他认为诗文应

---

① 《赠潘桐冈》。

该"敷陈帝王之事业，歌咏百姓之勤苦，剖析圣贤之精义，描摹英灵之风猷"①。他把文风问题与国运兴衰联系在一起，明确提出作文要学"大乘法"，才能"理明词畅，以达天地万物之情、国家得失兴废之故"②。根据这个标尺，他赞扬古人"以文章经世""于社稷民生计"③，并且以"自出己意，理必归于圣贤，文必切于日用"④自许。所以，"笔墨之外有主张"的"主张"，即是指以出自内心的真情实感去真实地反映社会现实。

板桥对于他认为体现了这个主张的《诗经》、曹诗和杜诗是十分喜爱的。《贺新郎·述诗二首》云："《七月》《东山》千古在，恁描摹，琐细民情妙。画不出，《豳风》稿。"《署中寄舍弟墨》云："诗学三人，老瞒与焉。少陵为后，姬旦为先。"尤其对杜甫，他推崇备至："少陵诗高绝千古，自不必言。即其命题，已早据百尺楼上矣。通体不能悉举，且就一二言之：《哀江头》《哀王孙》，伤亡国也；《新婚别》《无家别》《垂老别》《前后出塞》诸篇，悲戍役也；《兵车行》《丽人行》，乱之始也；《达行在所》三首，庆中兴也；《北征》《洗兵马》，喜复国、望太平也。只一开卷，阅其题次，一种忧国忧民、忽悲忽喜之情，以及宗庙丘墟、关山劳戍之苦，宛然在目。其题如此，其诗有不痛心入骨者乎！"正因为如此，板桥有意识地继承现实主义的优良传统，学习杜甫，写了《还家行》《逃荒行》《思归行》《悍吏》这类诗史式的作品。《题石东村铸陶集》云："诗人老去兴偏豪，

①《潍县署中与舍弟第五书》。

②《与江宾谷、江禹九书》。

③《后刻诗序》。

④《板桥自序》。

烧尽千篇又铸陶。从此铸韩还铸杜，更于三代铸风骚。"板桥一生不懈地追求、学习《诗经》、杜诗的现实主义传统，是凝聚、包含了他对现实生活和人生社会的深刻认识和丰富感受的。

板桥还认为，文艺要干预社会，反映现实，作者就要"端人品，厉风教"。他认为文品和人品是统一的，杜甫能写出诗史性的作品，是因为他忧国忧民；而一些"市井流俗不堪之子，今日才立别号，明日便上诗笺。其题如此，其诗可知；其诗如此，其人品又可知"①。

需要指出的是，板桥的好友袁枚提倡"性灵说"，主张写"真性情"，与板桥一起反对"神韵说"和"格调说"；但是，板桥的"直撼血性"与袁枚的"真性情"又有所不同。袁枚是要在"夕阳芳草寻常物"中写出士大夫放浪山水的闲情逸致；板桥则是要"纵横议论析时事"，以自己的真情实感写出民间疾苦，从古朴的形式中反映出自己的喜怒哀乐。这种主张在清代文坛上是占有特殊地位的。

"学者当自树其帜"

郑板桥很注重自己的艺术风格的创立。他一则说："学者当自树其帜……切不可趋风气。"②再则说："凡作文者，当作主子文章，不可作奴才文章也。"③三则说："总之，竖儒之言，必不可听。学者自出眼，自竖脊骨可尔。"④他还特地刻了一方印："郑为东道主。"反复

①《范县署中寄舍弟墨第五书》。

②《与江宾谷、江禹九书》。

③《板桥先生印册》。

④《范县署中寄舒弟墨第三书》。

申说，语重心长。这是冲决一切网罗，打破一切束缚，敢于独立创造，不断前进的艺术家的伟大勇气和可贵精神，也即是把艺术的独创性作为审美理想的第一位的要求。

独立的艺术风格并不是凭空产生的，重要的基础是能吸收各家之长。在这个基础上，"用一块元气团结而成"。所以板桥对前辈有成就的大家，正确地加以取舍，只师其意，不师其迹，十分学七，还要抛三。这其间要经过痛苦的探索和艰苦的劳动，也即如他自己所说的："读书能自刻苦，自愤激，自竖立，不苟同俗，深自屈曲委蛇，由浅入深，由卑及高，由迩达远，以赴古人之奥区，以畅其性情才力之所不尽。"板桥的艺术实践，正是"自树其帜"的很好范例。如他对于苏东坡是非常佩服的，他也临摹过东坡的《墨竹图》，但他既敢于打破苏东坡《枯木竹石图》的旧路，自创"石反大于竹、多于竹"的新格，又在"未画之前，不立一格；既画之后，不留一格"①，不搞固定的程式，不画僵死的框框。又如书法，历来很难出新。尤其是临《兰亭序》，等于是儒家读经书，历来都是"千人一面"。但板桥却"别辟临池路一条"，"以中郎之体，运太傅之笔，为右军之书，而实出以己意，并无所谓蔡、钟、王者，岂复有兰亭面貌乎？"②再如学诗，板桥对《诗经》、曹操、杜甫的诗歌都下过扎实功夫，但对于自己的诗歌创作，则旗帜鲜明地公开声称："板桥诗文，自出己意。""吾文若传，便是清诗清文；若不传，将并不能为清诗清文也。"③他在不断总结求活、求创、求变、求新的艺术经验的基础上，提出"不泥古法，不执己见"，坚持

①《题画》。
②《跋临兰亭叙》。
③《板桥自叙》。

创作个性，结果，他的诗文能"自出己意"，绘画能"无古无今"，书法能"怒不同人"，各方面都能旷世独立，自成一派。

板桥认为，没有自己的个性，艺术也就没有生命。他十分鄙弃当时那种抄袭浮辞，相似而为的风气。他说，那些人的所谓歌诗辞赋"扯东补西，拖张拽李，皆拾古人之唾余，不能贯串，以无真气故也"[1]。他甚至嘲笑他们"作文必欲法前古，婢学夫人徒自苦"[2]，还尖刻地讽刺说："如扬州人学京师穿衣戴帽，才赶得上，他又变了。"[3]这就从反面告诉我们，要善于学习，无论师法的对象是古哲还是今贤，如果一味模仿，而不加取舍、消化，是最没有出息的。这些外似尖刻而内实恳切的话，不正可以给我们很好的启示吗？

"删繁就简三秋树"

现实生活的丰富性和作品容量的有限性，决定了"以少见多，以简见繁，以部分见全体，以个别见一般"，历来是创造艺术美的重要法则，顾恺之的"传神阿堵"，刘勰的"文以辨洁为能，不以繁缛为巧"，李东阳的"古歌辞贵简远"，都是这一重要原则的不同表述。板桥有楹联云："删繁就简三秋树，领异标新二月花"，也说明了这一原则，他虽然不是这一原则的首倡者，但他以自己的艺术实践为之增添了新的审美经验。

---

① 《潍县署中与舍弟第五书》。

② 《赠潘桐冈》。

③ 《与江宾谷、江禹九书》。

这一美学思想的确立，始于板桥在艺术实践中的揣摩。他曾经把石涛和八大山人的绘画成就和声望做过一番比较，在人品志节、艺术成就上，这两位遗民大师不相上下；但是在声望上，石涛却似乎远不如八大。板桥认为这是"博"与"专"的缘故。因为一者，"八大纯用减笔，而石涛微茸耳"。二者，八大无二名，石涛则别号太多。于是，石涛的"多"明显逊于八大的"少"。对此，板桥的结论是："彼务博，我务专，安见专之不如博乎？""吾不能从石公矣！"

板桥努力以最简练的笔墨表现最丰富的内容，并且用文字记录了当时的探索。他画兰竹，往往整个画面只有几竿竹，几丛兰，但却疏密有致，形神兼备。他曾在一幅画上画了一枝竹、十五片叶，题诗云："敢云少少许，胜人多多许。努力作秋声，瑶窗弄风雨。"另一幅竹画的题诗云："一两三枝竹竿，四五六片竹叶。自然淡淡疏疏，何必重重叠叠？"他曾在《题画》中诚恳地叙说了自己的探索过程：

> 始余画竹，能少而不能多；既而能多矣，又不能少。此层功力，最为难也。近六十外，始知减枝减叶之法。苏季子曰：简练以为揣摩。文章绘事，岂有二道！此幅得简字诀。

开始是片面地理解和追求艺术的单纯性，后来又片面地理解和追求艺术的完整性。经过长期的反复实践之后，才能由繁入简，才悟得"简字诀"。意高才能笔减，意新才能语工，这是艺术达到炉火纯青的成熟阶段的标志。板桥为了达到这个境地，"精神专一，奋苦数十年"，苦心孤诣，意匠独造。前引《竹石图》云："四十年来画竹枝，日间挥写夜间思。冗繁削尽留清瘦，画到生时是熟时。"正是他的甘苦之言。

板桥不仅绘画求简，而且作文求精，读书求精。他对自己的诗、词、家书也是精选细筛，除去"平日无聊应酬之作"，然后才入集刻板。他认为"为文须千斟万酌，以求一是。再三更改，无伤也"①。如著名的《道情十首》作于雍正七年（1729），"屡抹屡更"，至乾隆八年（1743）才付梓。《板桥自序》云："板桥居士读书求精不求多。非不多也，唯精乃能运多，徒多徒烂耳。"他认为好作品要精读，一般作品则只须略读："即如《史记》百三十篇中，以《项羽本纪》为最，而《项羽本纪》中又以巨鹿之战、鸿门之宴、垓下之会为最。反复诵观，可歌可泣，在此数段耳。若一部《史记》，篇篇都读，字字都记，岂非没分晓的钝汉！"那些不好的作品如"小说家言""传奇恶曲""打油诗词"，"如破烂厨柜，臭油坏酱悉贮其中"，则要弃之不读。②

板桥还认识到，简之所以能胜繁，是因为简而精，"形"虽简而"神"足，虽简但抓住了本质。如果片面求简，但达不到精，抓不住神，则反而不好。他批评《新唐书》"简而枯"，《五代史》亦有太简之病。

郑板桥把艺术和时代、社会、人民联系在一起，去干预生活，评议现实，抒发情怀，诗词书画都取得了较高的成就，这是与他的进步的文艺指导思想分不开的。这些文艺思想和主张不仅在当时思想界和艺术界起了相当大的作用，对扬州画派的形成和发展产生了很大的影响，而且嘉惠后世，影响深远。研究板桥的文艺思想，对于研究他的书法、绘画和诗词都是十分必要的。

---

①《词钞自序》。

②《潍县署中寄舍弟墨第一书》。

三、终老维扬

梦醒扬州一酒瓢，月明何处玉人箫？

竹枝词好凭谁赏？绝世风流郑板桥。

——董耻夫《扬州竹枝词》

乾隆十八年（1753），板桥罢官南归。他踏上阔别多年的扬州，第一幅画画的是墨竹，题诗云：

二十年前载酒瓶，春风倚醉竹西亭。

而今再种扬州竹，依旧淮南一片青。

重操卖画旧业，板桥感慨万千。据《唐摭言》卷七载，诗人王播少年时孤苦贫穷，曾经在扬州惠照寺跟在和尚后面吃饭，和尚讨厌他，有一次故意吃过饭才敲开饭钟，弄得王播没吃上饭。后来王播做了淮南节度使，开府扬州，重访惠照寺，发现过去他题在墙上无人看重的诗，已被珍重地用碧纱罩上了。王播有感于人世变迁和世态炎凉，作《题惠照寺木兰院》二首，诗云："二十年前此院游，木兰花发院新修。如今再到经行处，树老无花僧白头。""上堂已了各西东，惭愧阇黎饭后钟。二十年来尘扑面，如今始得碧纱笼。"板桥写题《初返扬州画竹第一幅》时，不知是否想到了王播的故事；但有一点可以肯定：他的感慨和王播是一样的。二十年前，他落拓扬州"写来竹柏无颜色，卖与东风不合时"。这次重返维扬，名声远非二十年前可比。崇拜他的年轻人都争着上门请教，各地的画师文士也经常找他切磋研讨。他自己说："四十外乃薄有名……其名之所到，辄渐加而不渐淡。"① "凡王公大人、卿士大夫，骚人词伯，山中老僧，黄冠炼客，得其一片纸、只字书，皆珍惜藏庋。"② 甚至名传海外，高丽国丞相李艮还亲自登门求书。世态炎凉，岂无感慨！

因为板桥名震遐迩，所以一些官吏也求索字画。乾隆十九年（1754）春，板桥游杭州，给杭州太守吴作哲画了一幅墨竹，写了一幅字，吴就"请酒一次，请游湖一次，送下程一次，送绸缎礼物一次，送银四十两"，板桥也趁机"过钱塘江，探禹穴，游兰亭，往来山阴道上，是平生快举"③。不料，湖州太守李堂在吴作哲处看见板桥字画，爱不释手，强行夺走。第二天又到板桥下榻的南屏山静寺拜访，邀板桥到湖州去玩。湖州府治乌程知县孙扩图原在山东掖县做教谕，与板桥旧有隙，这次杭守吴作哲为他俩作了和解。同时，孙看到顶头上司湖守李堂这样爱慕板桥，也就格外亲热地邀板桥去湖州、乌程玩。于是，板桥"姑且游诸名山以自适"④，游历了苕溪、霅溪、卞山、白雀、道场山等名胜，历时一月，才回扬州。除官吏强索巧取外，还有一些自称朋友的人死乞白赖地求取字画。而这些人中有不少人二十年前对板桥是冷语白眼、诬蔑攻击的。更有一些市井之徒不择手段地收集板桥字画。《清朝野史大观》卷十载板桥曾中过盐商的"狗肉计"：

---

①《刘柳村册子》。

②《板桥自叙》。

③④《与墨弟书》。

一日，板桥出游稍远，闻琴声甚美，循声寻之，则竹林中一大院落，颇雅洁。入门，见一人须眉甚古，危坐鼓琴：一童子烹狗肉方熟。板桥大喜，骤语老人曰："汝亦喜食狗肉乎？"老人曰："百味惟此最佳，子亦知味者，请尝一脔。"两人未通姓名，并坐大嚼。板桥见其素壁，询其何以无字画，老人曰："无佳者。此间郑板桥虽颇有名，然老夫未尝见其书画，不知其果佳否。"板桥笑曰："郑板桥即我也！请为子书画可乎？"老人曰："善。"遂出纸若干，板桥一一挥毫。竟，老人曰："贱字某某，可为落款。"板桥曰："此某盐商之名，汝亦何为名此？"老人曰："老夫取此名时，某商尚未出世也！同名何伤，清者清，浊者浊耳。"板桥即署款而别。次日，盐商宴客，丐知交务请板桥一临，至则四壁皆悬己书画，视之，皆己昨日为老人所作。始知老人乃盐商所使，而己则受老人之骗，然已无可如何也。

当然，这个故事虚构的成分很大，但结合前面所叙述的强拉入湖州之游，结合《板桥后序》所云"其诗文字画每为人爱，求索无休时，略不遂意，则怫然而去。故今日好，为弟兄；明日便成陌路"，可以看出，某些人求索字画确实造成板桥极大的不快。于是，他采纳了拙公和尚的建议，自定书画润格。他希望那直率而幽默的文词，加上银子所产生的恐吓作用，能使那些巧取豪夺者望而却步：

大幅六两，中幅四两，小幅二两，条幅对联一两，扇子斗方五钱。凡送礼物食物，总不如白银为妙：公之所送未必弟之所好也。

送现银则中心喜乐，书画皆佳。礼物既属纠缠，赊欠尤为赖帐。年老体倦，亦不能陪诸君子作无益语言也。

画竹多于买竹钱，纸高六尺价三千。任渠话旧论交接，只当秋风过耳边。乾隆己卯，拙公和尚属书谢客，板桥郑燮。

有人据此误以为板桥死要钱，是个吝啬鬼。其实，板桥生活是非常节俭的。《题兰竹石调寄一剪梅》云：“乾隆二十一年二月三日，予作一桌会，八人同席，各携百钱以为永日欢。”作永日欢会，不过“各携百钱”，可见生活节俭之一斑。至于他对别人，则一贯慷慨好施，绝非聚敛拥财之辈。《淮安舟中寄舍弟墨》云：“愚兄平生漫骂无礼，然人有一才一技之长，一行一言之美，未尝不啧啧称道。橐中数千金，随手散尽，爱人故也。”《范县署中寄舍弟墨》云：“汝持俸钱南归，可挨家比户，逐一散给：南门六家，竹横港十八家，下佃一家，派虽远，亦是一脉，皆当有所分惠。”“其余邻里乡党，相睠相恤，汝自为之，务在金尽而止。”他在潍县任上时，还特地写信要郑墨关心、体恤贫苦的孩子。《潍县寄舍弟墨第三书》云：“每见贫家之子、寡妇之儿，求十数钱，买川连纸钉仿字簿，而十日不得者，当察其故而无意中与之，至阴雨不能即归，辄留饭；薄暮，以旧鞋与穿而去，彼父母之爱子，虽无佳好衣服，必制新鞋袜来上学堂，一遭泥泞，复制为难矣。”板桥罢官归扬州后，仍然乐施好善。阮元《淮海英灵集》称其“尝置一囊，银钱果食之类皆贮于内，遇故人子或乡邻之贫穷者，随所取而赠之”。这不仅反映了板桥的慷慨，也反映他赠人银钱又怕人惭愧的一番苦心，表现了他忠厚的性格。

　　这段时期内，板桥故交凋零。除高翔早已辞世外，乾隆十九年（1754），李方膺病殁；二十四年（1759），汪士慎病殁；二十七年（1762），李鱓病殁。板桥自己也憔悴衰老，身体状况渐不如前。但他仍然往来于兴化、扬州曲曲折折的水道上，卖画为生。他在扬州住李氏小园，在兴化则先居拥绿园，后又居杏花楼。一则题画云："甲申秋抄，归自邗江，居杏花楼。"甲申是乾隆二十九年（1764），时板桥七十二岁。杏花楼在兴化城西北鹦鹉桥附近，按《范县署中寄舍弟墨第二书》云："是宅北至鹦鹉桥不过百步，鹦鹉桥至杏花楼不过三十步，其左右颇多隙地。幼时饮酒其旁，见一片荒城，半堤衰柳，断桥流水，破屋丛花，心窃乐之。若得制五十千，便可买地一大段，他日结茅有在矣。"可知杏花楼是板桥早已属意的住址。[①]

　　板桥的一生，是坎坷曲折、穷途潦倒的一生。入仕前，贫寒苦读，幻想"修、齐、治、平"，做一番事业。等到中了进士，做了县官，亲身接触到社会的黑暗和民间的疾苦，加之横遭冤诬，身受打击，于是幻想逐渐破灭，决定"从此江南一梗顽"，卖画终老。但尽管如此，他的内心深处，仍然充满了对黑暗官场的愤懑，直到临终的前几个月，他还悲愤地写道：

　　　　宦海归来两袖空，逢人卖竹画清风。还愁口说无凭据，暗里赃私遍鲁东。板桥老人郑燮自赞又自嘲也。乾隆乙酉，客中画并题。

[①] 周积寅《郑板桥书画艺术》谓"到了晚年，生活竟无立锥之地，只好寄居在同乡画友李鱓家里"。很多人都持此说。其实板桥虽然生活较前差一些，但作画收入仍足够糊口，住地也自有产业。

　　也就在这一年，即乾隆三十年（1765）乙酉，十二月，扬州、兴化的曲折水道上再也看不到这位杰出艺术家衰老的身影了，这位七十三岁的老人溘然长逝，死后葬在故乡兴化管院庄。

　　郑板桥的后人是不兴旺的。他的两个儿子早夭了，以郑墨的儿子郑田（字砚耕）为嗣子。有两个女儿，长适赵，次适袁。孙儿叫郑镕（字范金），曾孙叫郑国璋（字文址），大概都是贫穷的读书人。只有他的侄孙郑銮（字子砚），于嘉庆十二年（1807）中举，任过知县，有政声，见于同治《扬州府志》，其他都默默无闻了。

附录　郑板桥年谱

1693　清康熙三十二年癸酉

十月二十五日子时，生。郑
燮，字克柔，号板桥，兴化县
人。先世居苏州，明洪武间始
迁居兴化城内之汪头。曾祖新
万，字长卿，庠生。祖湜，字
清之，儒官。父之本，字立
庵，号梦阳，廪生，品学兼
优，家居授徒，受业者先后数
百人。母汪夫人，继母郝夫
人。叔之标，字省庵，生子
墨，字五桥，庠生。

高凤翰十一岁。

华嵒十岁。

李鱓、汪士慎八岁。

金农、黄慎七岁。

高翔六岁。

1694　康熙三十三年甲戌，二岁。

1695　康熙三十四年乙亥，三岁。

1696　康熙三十五年丙子，四岁。

母汪夫人卒，育于乳母费氏。

李方膺生。

《七歌》云："我生三岁我母无。"

《乳母诗·序》云："燮四岁失母，育于费氏。"

1697 康熙三十六年丁丑，五岁。

约于本年前后，父续娶郝夫人。

1698 康熙三十七年戊寅，六岁。

1699 康熙三十八年己卯，七岁。　　　三月，康熙南巡至扬州、苏、杭。四月，修明太祖陵。

1700 康熙三十九年庚辰，八岁。

1701 康熙四十年辛巳，九岁。

1702 康熙四十一年壬午，十岁。

随立庵先生在教馆学习。

《题画》云："余少时读书真州之毛家桥。"立庵先生教馆可能设于真州毛家桥。

1703 康熙四十二年癸未，十一岁。

1704 康熙四十三年甲申，十二岁。

1705 康熙四十四年乙酉，十三岁。

1706 康熙四十五年丙戌，十四岁。

是年继母郝夫人卒。《七歌》

云："无端涕泗横阑干，思我后母心悲酸。十载持家足辛苦，使我不复忧饥寒。"

1707 康熙四十六年丁亥，十五岁。

康熙南巡，至扬州、苏、杭等地。

康熙南巡。七月，石涛卒于扬州，享年七十八岁。

金农读书于何义门家塾。

1708 康熙四十七年戊子，十六岁。从兴化词人陆种园先生学词，与王国栋、顾于观同塾。《七歌》云："种园先生是吾师，竹楼桐峰文字奇。十载乡园共游憩，壮心磊落无不为。"任乃赓谱从作《七歌》之三十岁上推十年，定板桥从陆学词时为二十岁。但板桥二十六岁离家教馆，即与种园分别，故"十载"云云应从二十六岁上推十年才是。

崇祯"三太子"朱慈焕父子被杀。

1709 康熙四十八年己丑，十七岁。

1710 康熙四十九年庚寅，十八岁。

1711 康熙五十年辛卯，十九岁。　李鱓举乡试。

冬，戴名世《南山集》文字狱兴，株连甚广。

1712 康熙五十一年壬辰，二十岁。

大约是年前后考取秀才。

1713 康熙五十二年癸巳，二十一岁。　康熙奉太后巡幸塞外，李鱓于古北口献画，经御试后，命从蒋廷锡习画。

1714 康熙五十三年甲午，二十二岁。

1715 康熙五十四年乙未，二十三岁。

是年徐夫人来归。

1716 康熙五十五年丙申，二十四岁。

1717 康熙五十六年丁酉，二十五岁。　袁枚生。

金农三十岁，在江上病疟。汪士慎寄寓扬州佛寺，卖字画为生。

堂弟墨生。《怀舍弟墨》："我年四十二，我弟年十八。"故知郑墨生于是年。

1718 康熙五十七年戊戌，二十六岁。

设塾于真州之江村，有《村塾示诸徒》诗。

1719 康熙五十八年己亥，二十七岁。

1720 康熙五十九年庚子，二十八岁。

1721 康熙六十年辛丑,二十九岁。

1722 康熙六十一年壬寅,三十岁。

父立庵与师种园先后去世,作《七歌》。是时已有二女一子。《七歌》中有"郑生三十无一营""今年父殁遗书卖""我生二女复一儿"等语。检家中旧书簏,将前代家奴契券尽数焚去。

1723 雍正元年癸卯,三十一岁。

友人顾万峰赴山东常使君幕,先生作《贺新郎》三阕赠之。

1724 雍正二年甲辰,三十二岁。

杭世骏中举

出游江西,识无方上人于庐山。独子犉儿约于是年卒。

1725 雍正三年乙巳,三十三岁。

出游北京,与禅宗尊宿及期门子弟游,日放言高论,臧否人物,无所忌讳,坐是得狂名。有《燕京杂诗》三首、《花品跋》诸作。

十二月,大将军年羹尧以谋叛罪被诛。《西征随笔》著者汪景祺以同罪被诛。

1726 雍正四年丙午,三十四岁。

文字狱大兴,有钱名世诗案及查嗣庭"维民所止"试题狱。高凤翰为歙县县丞。

1727 雍正五年丁未,三十五岁。

客于通州。

247

1728	雍正六年戊甲，三十六岁。	黄慎奉母游扬州。
	读书兴化天宁寺，准备应试之暇，手写《四书》。	
1729	雍正七年己酉，三十七岁。	兴吕留良著作之狱。剖吕留良尸，尽诛
	完成《道情十首》初稿。	其族。御史谢世济以注经获罪而流放。
		刊布《大义觉迷录》。
1730	雍正八年庚戌，三十八岁。	李方膺为县令。
1731	雍正九年辛亥，三十九岁。	
	客于扬州，有《客扬州不得之西村》诗。	
	是年徐夫人病殁。次年游杭作《韬光庵》诗，有"我已无家不愿归"之句。又次年所作《得南闱捷音》有"无人对镜懒窥帏"之句。有《除夕前一日上中尊汪夫子》诗，得兴化县令汪芳藻资助。	
1732	雍正十年壬子，四十岁。	鄂尔泰任保和殿大学士兼兵部尚书。
	赴南京应乡试，中举人。作《得南闱捷音》《念奴娇·金陵怀古》秋，游杭州，观潮于钱塘江上。作《韬光庵》《观	十月，陕督岳钟琪被革职拘禁。

潮行》《沁园春·西湖夜月有
怀扬州旧游》。有家书《杭州
韬光庵中寄舍弟墨》。

1733 雍正十一年癸丑，四十一岁。 罗聘生。
叔省庵公卒。《怀舍弟墨》
云："我年四十二，我弟年十
八……年来父叔殁，移家傲他
宅。"客海陵，有《赠梅鉴和
尚》诗。

1734 雍正十二年甲寅，四十二岁。

1735 雍正十三年乙卯，四十三岁。 雍正帝崩，乾隆即位。
读书镇江之焦山。有《焦山读 乾隆亲试博学鸿词。金农被荐举进
书寄舍弟墨》《仪真县江村茶 京，未应试而返。杭世骏取为一等，
社寄舍弟》《焦山别峰庵雨中 授翰林院编修。
无事书寄舍弟墨》《焦山双峰
阁寄舍弟墨》家书四封。

1736 乾隆元年丙辰，四十四岁。
赴北京，试礼部，中式成进士。
作《秋葵石笋图》诗。与伊福纳
兼五游西山。有《赠瓮山无方上
人》《赠图牧山》诸诗。

1737 乾隆二年丁巳，四十五岁。 两淮盐运使卢见曾因案被放。高凤翰
娶饶氏。 牵连系狱，抗词不屈，因风湿症废右
乳母卒，作《乳母诗》。 臂，自号"丁巳残人"。十一月，鄂

南归扬州，与友人顾万峰相遇。顾有诗《赠板桥郑大进士》。

尔泰、张廷玉同为军机大臣。汉臣渐掌军政及教育实权。

1738　乾隆三年戊午，四十六岁。
是年江南大旱。作《上江南大方伯晏老夫子七律四首》。其三有"赤旱于今忧不细，披图何以绘流亡"之句，故知作于此年。

1739　乾隆四年己未，四十七岁。
卢见曾为淮南盐运使。十月，先生作七律四首赠之。诗后题云："乾隆四年十月二十日，恭赋七律四首，奉呈雅雨山人。"

1740　乾隆五年庚申，四十八岁。
五月，为董伟业《扬州竹枝词》作序。

1741　乾隆六年辛酉，四十九岁。
作《逢客入都寄勗宗上人口号》。入京。有《淮安舟中寄弟墨书》。需次春明，慎郡王极敬礼之。

1742 乾隆七年壬戌，五十岁。

是年春，为范县令。将之任，与慎郡王相唱和，作《将之范县拜辞紫琼崖主人》，慎郡王亦有《送板桥郑燮为范县令》。先生并为慎郡王诗集撰跋。

是年，始订定诗、词集，并手写付梓。《刘柳村册子》云："五十岁为范县令，乃刻拙集。是时乾隆七年也。"

1743 乾隆八年癸亥，五十一岁。

《道情十首》定稿并付梓。刻者上元司徒文膏。作《止足》诗、《跋临兰亭叙》。

一月考选御史，杭世骏在对策中有"意见不可先设，畛域不可太分"语，提出满汉平等的主张，被革职。

1744 乾隆九年甲子，五十二岁，妾饶氏生子。《潍县署中与舍弟墨第二书》云："余五十二岁始得一子，岂有不爱之理？"有《范县诗》《音布》诸诗及寄舍弟墨等书信。

高凤翰六十一岁，自撰生圹志。

1745 乾隆十年乙丑，五十三岁。

年底前曾回扬州探亲。《题李

潍县疫，七月十九日海水溢。

萌岁朝图》云："乙丑冬十有二月，游扬州东郊。"又《题画》云："晨起江边看竹枝，一团青翠影离离。牡丹芍药夸颜色，我亦清和得意时。乾隆乙丑板桥郑燮。"知是年岁末曾回扬。

先生从祖福国和尚至范县见访，为作《扬州福国和尚至范赋二诗赠行》。

有《范县呈姚太守兴滇》《姑恶》《怀扬州旧居》《怀李三鱓》诸诗。

1746 乾隆十一年丙寅，五十四岁。

先生自范县调署潍县。是岁山东大饥，人相食，先生开仓赈贷，令民具领券借给。又大兴工役，修城凿池，招远近饥民就食赴工，籍邑中大户开厂煮粥轮饲之。尽封积粟之家，责其平粜，活万余人。秋又歉，捐廉代输，活民无算。潍县饥民出关觅食，先生有感而赋《逃荒行》。

汪士慎六十一岁，左目失明，自号"左盲生"。

1747 乾隆十二年丁卯，五十五岁。

金农重病之后，开始画竹。

是年饥荒未已，先生随高斌放赈，有《和高相公给赈山东道中并五日自寿之答》。

德保主试山东，先生同在试院，相与唱和。

1748 乾隆十三年戊辰，五十六岁。

乾隆东巡，先生为书画史，卧泰山绝顶四十余日。常以此自豪，镌一印章云："乾隆东封书画史。"

潍县饥民由关外络绎返乡，先生撰《还家乡》记其事。

十月，修潍县城墙，先生首先捐修六十尺。

有《与江宾谷江禹九书》，畅论为文之道。

1749 乾隆十四年己巳，五十七岁。

子于兴化病殁。

与御史沈廷芳同游郭氏园，沈有《过潍县郑令板桥招同朱天门孝廉家房仲兄纳凉郭氏园》诗赠板桥。有《潍县与舍弟墨》家书五通。

撰《板桥自叙》。重订家书、诗

诏许难民归赎妻子及儿女。

高凤翰卒，享年六十七岁。

钞、词钞，并手写付梓。

1750 乾隆十五年庚午，五十八岁。

二月十日，撰《潍县文昌祠记》。于《板桥自叙》后又缀附记数十言

1751 乾隆十六年辛未，五十九岁。

二月十五日，海水溢。先生至潍县北禹王台勘灾。

先生服官十年，对官场黑暗不满，有归田之意。有《思归行》《满江红·思家》《唐多令·思归》述志。

1752 乾隆十七年壬申，六十岁。

潍县诸绅修城隍庙，先生主其事，并撰《城隍庙碑记》。

1753 乾隆十八年癸酉，六十一岁。

是年春，先生以请赈忤大吏罢官。据郑氏墨迹《怀潍县送郭氏伦归里》诗后附跋云："乾隆二十八年，岁在癸未夏四月，板桥郑燮去官十载，寿七十有一。"知先生于十八年去官。画竹别潍县绅民，并系以诗。去官之日，百姓遮道挽

九月，金农作《画竹题记》。

帝南巡江南，至扬州。

留，家家画像以祀，并为建生
祠。

1754 乾隆十九年甲戌，六十二岁。
是年春，游杭州。又应乌程知
县孙扩图邀至湖洲匝月。复过钱
塘，至会稽，探禹穴，游兰亭，
往来山阴道上，自云为平生快
举。五月，返兴化。有《与墨弟
书》《赠济宁乌程知县孙扩图》
等作。

李鱓在兴化筑浮沤馆。

1755 乾隆二十年乙亥，六十三岁。
与李鱓、李方膺合作《岁寒三
友图》，先生题诗。

卢见曾再为两淮盐运使。

1756 乾隆二十一年丙子，六十四
岁。
与程绵庄等九人聚饮扬州，并作
《九畹芳兰图》以记其盛。跋兴
化王、李四贤手卷。

1757 乾隆二十二年丁丑，六十五岁。
卢见曾主持虹桥修禊。先生亦
予其会，有《和雅雨山人红桥
修禊》四首和《再和卢雅雨》
四首。
游高邮，作《由兴化迂曲至高

春，帝南巡江南，扬州各名胜俱大修
整以迎帝驾。

邮七截句》。

1758 乾隆二十三年戊寅，六十六岁。
有《真州杂诗八首并及左右江县》《真州八首属和纷纷皆可喜不辞老丑再叠前韵》诸诗及词《贺新郎·西村感旧》。

五月，慎郡王卒。

1759 乾隆二十四年己卯，六十七岁。
从拙公和尚议，定书画润格。
撰《兴化城北平望铺自在庵记》。

1760 乾隆二十五年庚辰，六十八岁。
撰《板桥自序》及《刘柳村册子》于扬州汪氏之文园。

1761 乾隆二十六年辛巳，六十九岁。
题高凤翰画册。

1762 乾隆二十七年壬午，七十岁。
扬州客斋写兰竹石赠六源同学，并题二十八字见志。

帝第三次南巡。李鱓卒。画兰竹石并题云："今年七十，兰竹益进，惜复堂不再，不复有商量画事之人也。"

1763 乾隆二十八年癸未，七十一岁。
卢见曾官两淮都转，清明日招先生及诸名士泛舟红桥，与袁枚晤于是会席上，袁枚有诗《投板桥明府》。作《怀潍县》二首送郭伦升归里。

1764 乾隆二十九年甲申，七十二岁。 为人题画册，有《萱猫》《八哥》《鹌鹑》《鹭鸶》《菊花》《芙蓉》等六诗。	九月，金农病逝于扬州天竺庵佛舍，寿七十七岁。
1765 乾隆三十年乙酉，七十三岁。 十二月十二日卒，葬于兴化县城东管院庄。有二子均早卒，以弟子田（字砚耕）嗣。女二，长适赵，次适袁。孙镕（字范金），曾孙国璋（字文址）。	乾隆帝第四次南巡。

纸板上的画作：三只青蛙与旧报纸

出品人 | 赵 红

选题策划 | 后浪出版公司　出版统筹 | 吴兴元

编辑统筹 | 梅天明　　　　　责任编辑 | 张紫微

特约编辑 | 万锦玉　　　　　营销推广 | ONEBOOK

装帧制造 | 墨白空间·李　易

读者公司 | 后浪图书

关注微博 | 后浪图书专营店

直销服务 | 010-65709800

本书若有印装质量问题，请与本公司联系调换，电话010-64010019。
后浪出版咨询（北京）有限责任公司版权所有，侵权必究。
投诉信箱：copyright@hinabook.com　fawu@hinabook.com

未经许可，不得以任何方式复制或抄袭本书之部分或全部内容。版权所有，侵权必究。

法律顾问 | 北京天驰君泰律师事务所 郑云峰 律师

后浪出版公司